CLAUDIA RUSCH

Aufbau Ost

UNTERWEGS
ZWISCHEN ZINNOWITZ
UND ZWICKAU

S. FISCHER

Satz: H & G Herstellung, Hamburg
Druck und Bindung: GGP Media GmbH, Pößneck
Printed in Germany
ISBN 978-3-10-066063-3

Für Charlotte und Marc

Dänemark
Ostsee
N
S
Rügen
Stralsund
Bezirk Rostock
Rostock
Zinnowitz
Hamburg
Schwerin
Bezirk Schwerin
Neubrandenburg
Bezirk Neubrandenburg
Goleniów
Szczecin
Elbe
Bundesrepublik Deutschland
VR Polen
Neuruppin
Bezirk Potsdam
Bezirk Frankfurt
Oder
West-Berlin
Berlin
Hauptstadt der DDR
Bezirk Magdeburg
Potsdam
Grünheide
Frankfurt/ Oder
Deutsche Demokratische Republik
Marienhöhe
Bad Saarow
Spree
Magdeburg
Lübbenau
Lehde
Spreewald
Cottbus
Bezirk Cottbus
Neiße
Saale
Bezirk Halle
Halle
Bezirk Leipzig
Leipzig
Bezirk Dresden
Bezirk Erfurt
Weimar
Erfurt
Dresden
Herrnhut
Bürgel
Gera
Kahla
Karl-Marx-Stadt
(Chemnitz)
Zwickau
Bezirk Suhl
Suhl
Bezirk Gera
Bezirk Karl-Marx-Stadt
Sonneberg
Eger
Hof
ČSSR
Elbe
Prag
0 20 40 60 80 100 km

Inhalt

Bezirk Rostock:

KREISE SCHLIESSEN SICH

Der eigentliche Auslöser für das Entstehen meines Erzählbands *Meine freie deutsche Jugend* war die Arbeit an einer Dokumentation über das Schicksal meines Großvaters. Der Vater meiner Mutter war als junger Mann nach dem Krieg begeistert für den Aufbau des Sozialismus eingetreten und, wie so viele, an der Realität gescheitert. Seine hoffnungsvolle Karriere als Kreisratsvorsitzender endete nach Amtsenthebung und Parteiausschluss in der Untersuchungshaftanstalt (UHA) des Ministeriums für Staatssicherheit (MfS) in Rostock. Dort starb er mit 42 Jahren unter ungeklärten Umständen. Sein Prozess stand unmittelbar bevor. Er war der »Nachrichtenübermittlung« und »staatsfeindlicher Hetze im schweren Fall« beschuldigt worden. Man wusste es nie genau, aber 12 Jahre wären locker für ihn drin gewesen.

Ehrlich gesagt, hatte ich mich auf dieses Vorhaben vor allem deshalb eingelassen, weil ich wusste, wie wichtig die Aufarbeitung seiner Geschichte für meine Mutter war. Sie hat den Verlust des geliebten Vaters nie verwunden. Die offenen Fragen, die sein Schicksal umgeben, haben ihr Trost fast unmöglich gemacht.

Ich wusste, es ging meiner Mutter nicht darum, dass irgendjemand sich dieses Themas systematisch annahm, um etwas herauszufinden, das sie übersehen haben könnte. Sie hatte selbst jedes Blatt der Stasiakte zehnmal umgedreht. Ihr war etwas anderes wichtig. Sie wollte, dass ich, ihre einzige Tochter, mich mit ihrem Vater beschäftige. Dass der unbekannte Großvater und seine nachgeborene Enkeltochter, dass wir uns kennenlernen.

Als sie mich Anfang der neunziger Jahre darum bat, antwortete ich ihr aufrichtig, dass ich dazu bereit sei, aber den Zeitpunkt selbst bestimmen würde.

Es dauerte über zehn Jahre, bis es so weit war. Meine Mutter hatte das Thema in der Zwischenzeit gelegentlich in Gespräche eingeflochten, doch ich hatte jedes Mal abgelehnt. Erst nachdem ich im Frühsommer 2001 meinen Job beim Fernsehen aufgegeben hatte, um zu schreiben, kam der richtige Moment.

Was mir beruflich genau vorschwebte, konnte ich nicht sagen. Ich wollte Geschichten erzählen. In welchem Rahmen war mir ziemlich gleich. So lavierte ich einigermaßen planlos zwischen meinen Ansprüchen und Wünschen. Es fällt mir von jeher schwer, mich auf Unwägbarkeiten einzulassen. Ich weiß gerne schon am Anfang des Weges, wohin er führt. Wenigstens grob. Verändern sich Straßenlauf oder Ziel unterwegs, habe ich kein Problem. Dann ändere ich einfach die Richtung und gehe weiter. Mit der Freiheit, alles tun zu können, lag nach meiner Kündigung ein so weites Feld vor mir, dass ich nicht wagte, mich überhaupt zu nähern.

Nach ein paar Monaten war klar, dass es ohne ein konkretes Projekt nicht weitergehen würde.

»Vielleicht wären die Akten meines Vaters jetzt etwas für dich?«, fragte meine Mutter vorsichtig, bemüht, sich nicht wieder einen Korb einzufangen.

Doch diesmal hatte sie Erfolg. Das Schicksal meines Großvaters zu rekonstruieren war nach der bunten Belanglosigkeit der Fernsehunterhaltung genau die Art von Aufgabe, die ich brauchte. Eine Geschichte mit Kraft und Sinn. Wie stark sie mit mir selbst zu tun hatte, sah ich zu diesem Zeitpunkt noch nicht.

Ich begriff es eigentlich erst, als ich nach Rostock fuhr, um mir die dortige Untersuchungshaftanstalt des Ministeriums für Staatssicherheit anzusehen. Bevor er starb, saß mein Großvater dort fast auf den Tag genau sieben Monate in Einzelhaft. Am 25. Januar 1967 wurde offiziell Anklage gegen ihn erhoben. Am nächsten Morgen brach er leblos in seiner Zelle zusammen. »Das Verfahren gegen den Beschuldigten Bradhering ist durch Tod beendet«, vermeldet die Akte des zuständigen Bezirksstaatsanwalts kommentarlos.

Die ehemalige Rostocker Untersuchungshaftanstalt des Staatssicherheitsdienstes ist heute eine Dokumentations- und Gedenkstätte. Der von außen nicht einzusehende Gebäudekomplex gehörte zu einem großen Stasi-Viertel im Zentrum der Hansestadt. Offiziell befanden sich hier nur das Gelände der MfS-Bezirksverwaltung und die Haftanstalt selbst. Tatsache ist jedoch, dass die gesamten umliegenden Wohngebiete ausnahmslos von Mitarbeitern der Staatssicherheit und linientreuen Sympathisanten bewohnt wurden. Ich würde da auch heute noch nicht hinziehen.

Der teilverklinkerte, unauffällige Altneubau aus den fünfziger Jahren ist als Haftanstalt nicht erkennbar. Er sieht aus wie ein ganz normales Bürogebäude und unterscheidet sich kaum von den benachbarten Wohnblöcken. Über den Hof der deutlich repräsentativer angelegten ehemaligen Stasi-Bezirksverwaltung, in deren Räumlichkeiten inzwischen das Landgericht Rostock untergebracht ist und das deswegen »Haus der Justiz« genannt wird, kommt man zum Haupteingang der früheren Untersuchungshaftanstalt.

Man betritt sie seitlich durch einen schmalen Eingang, der ebenfalls eher an ein Wohnhaus erinnert als an ein Amtsgebäude.

Nach wenigen Stufen öffnet sich ein kurzer Flur mit sechs oder acht Bürotüren. Die Hinweisschilder zur Gedenkstätte zeigen auf eine von ihnen. Die einfache Tür aus Pressspan, die aussieht, als würde sie in einen durchschnittlichen, mittelgroßen Raum mit Schreibtisch und Blumenarrangements führen, lässt den Abgrund, der sich hinter ihr in Wahrheit auftut, nicht ansatzweise erahnen. Denn statt ein harmloses Büro zu betreten, steht man mitten im Knast, vom offenen, dreistöckigen Zellentrakt nur durch ein Gitter getrennt. Wer auf diesen Anblick nicht vorbereitet ist, braucht einen Moment, um sich davon zu erholen.

110 Häftlinge fasste die Untersuchungshaftanstalt Rostock, Frauen und Männer. Untergebracht in nicht ganz fünfzig Zellen. Keiner dieser so genannten »Verwahrräume« hatte eine Belüftungsmöglichkeit oder ein Fenster. Licht drang in die winzigen Zellen nur durch exakt 15 eingemauerte Glasbausteine.

Die Mitarbeiter der UHA hatten in Rostock schnell reagiert. Als Bürgerrechtler und Demonstranten das Gebäude im Dezember 1989 besetzten, waren die meisten Karteien schon vernichtet. Es ist deshalb heute kaum nachvollziehbar, wie die Zellenbelegung konkret aussah. Ich wusste das bereits von mehreren Telefonaten im Vorfeld, denn ich hatte ursprünglich sehr auf eine solche Häftlingskartei gehofft.

Bei meinen Recherchen war ich allerdings auf etwas gestoßen. Aus einem einzigen Halbsatz in den Stasiakten ging hervor, dass kurz vor seinem Tod offenbar doch noch ein zweiter Häftling in die Zelle meines Großvaters verlegt worden war. In mehreren Dokumenten des knapp 3000 Seiten langen operativen Vorgangs war zuvor darauf verwiesen worden, dass sich Günther Bradhering in Einzelhaft befand. Nachdem die »Vorbereitungen« für ein »Gerichtsverfahren« vom MfS abgeschlossen waren und der Fall der Staatsanwaltschaft übergeben wurde, schien die Notwendigkeit einer solchen Isolation wohl nicht mehr gegeben. Der Leiter des medizinischen Dienstes, ein gewisser Dr. Fiedler, schrieb im Abschlussbericht an die Bezirksstaatsanwaltschaft Rostock: »Nach Angaben des Mitgefangenen soll [dem Tod] ein starker Krampfanfall vorausgegangen sein.«

Es gab also einen Augenzeugen. Jemanden, der während der letzten Lebenstage meines Großvaters bei ihm in der fensterlosen Zelle war.

Allein die Häftlingskartei hätte Auskunft geben können über die Identität eines solchen Mitgefangenen. Ohne sie hatte ich keine Chance auf diese Information, die für uns so wichtig gewesen wäre. Als ich im März 2002 nach Rostock fuhr, um mir den Knast anzuschauen, wusste ich das bereits. Im Grunde wollte ich mir nur vor Ort ein Bild der Räumlichkeiten machen.

Ich nahm an einer der öffentlichen, kostenlosen Führungen teil, die Mitarbeiter der Gedenkstätte mehrmals in der Woche anbieten. Man wird mit der Gruppe durch den dreistöckigen Gefängnistrakt geleitet, sieht Zellen in Originalausstattung, den nur wenige Quadratmeter messenden Freigangshof, der aussieht wie ein Käfig, die Dunkelzellen im Keller, an deren Wänden man deutliche Wasserspuren erkennen kann. Die Stasi hat diese Dunkelzellen nicht geflutet, sie hat den hohen Rostocker Grundwasserspiegel, der den Keller des Gebäudes häufig unter Wasser setzt, eher genutzt. Besonders renitente Staatsfeinde wurden dort nächtelang eingesperrt. Ihr Wille sollte gebrochen werden.

Um »Wahrheitsfindung« ging es in solchen Untersuchungshaftanstalten keine Sekunde.

Während die anderen sich noch einen Ausbildungsfilm des MfS ansahen, den ich schon kannte, ging ich bereits vor und lief in Ruhe durch die ständige Ausstellung der Gedenkstätte. Eine Mitarbeiterin des Dokumentationszentrums, der ich mich vorgestellt hatte, kam mit einem Packen Informationsmaterial auf mich zu. Sie wusste, dass ich behördlich genehmigte Akteneinsicht in den Fall meines Großvaters hatte und deswegen hier war. Ich sprach sie noch einmal auf den unbekannten Mithäftling an. Sie machte mir keine Hoffnung. Wir würden uns damit abfinden müssen, nie zu erfahren, wer der andere Insasse der Zelle meines Großvaters war und ob er noch lebte.

Als ich der Frau gerade die Hand zum Abschied reichen wollte, geschah etwas, das mir noch nie passiert ist. Ohne irgendeine Vorankündigung brach ich plötzlich in heftiges Weinen aus. Es überwältigte mich buchstäblich.

Die Mitarbeiterin reagierte souverän. Sie nahm mich sanft am Arm, schob mich in ihr Büro und setzte mich an den Schreibtisch. Dann goss sie eine Tasse Kaffee ein und stellte sie wortlos vor mir ab.

Ich hatte nicht erwartet, dass es mich derart umhauen würde. Noch heute kann ich nicht sagen, was genau sich in mir Bahn brach. Aber es war dieser Augenblick, in dem ich verstand, wie sehr die Geschichte meines Großvaters mit der meinen verbunden war. Wir waren nicht bloß nahe Verwandte, wir waren auch demselben menschenfeindlichen System ausgeliefert gewesen. Nur hatte ich es, im Gegensatz zu ihm, überlebt.

Ein Journalist fragte mich einmal, ob es irgendeine Ungewissheit gäbe, die ich im Rückblick auf die DDR für mich selbst noch klären wolle. Das konnte ich ohne zu zögern verneinen. Seit der Arbeit am Fall meines Großvaters habe ich keine Fragen mehr.

Um die Jahrtausendwende war die DDR kein Thema. Aufarbeitung schon gar nicht. In meiner Umwelt stieß der Wechsel von der gutbezahlten TV-Redaktion in die staubigen Archive der Staatssicherheit größtenteils auf Verwunderung. Obwohl es weniger als die halbe Wahrheit war, erklärte ich meine Motivation für diesen Schritt meist damit, dass es ja einer tun müsse. Der weggesperrte Tote in den Akten war schließlich der Vater meiner Mutter. Die meisten reagierten verständnisvoll. Nur einer, den ich bis dahin für einen alten Vertrauten gehalten hatte, rief am Telefon: »Ach, Gottchen, da kenn ich auch noch ein paar ungeklärte Todesfälle aus dem Dreißigjährigen Krieg …« Das hat ihn meine Freundschaft gekostet.

Die Sippenhaft im klassischen juristischen Sinn wurde in der DDR nur vereinzelt angewandt. Es kam zwar vor, dass Familienmitglieder für die Verfehlungen politisch unliebsamer Personen direkt ins Gefängnis kamen, aber die gängige Bestrafungspraxis war subtilerer Natur. Vor allem bei erfolgreichen Republikfluchten wurden, mangels Delinquent, gern die zurückgebliebenen Angehörigen bestraft. Zehntausende saßen auf diese Weise mehrjährige Haftstrafen ab. Verurteilt wurden sie offiziell nach eigens dafür geschaffenen Gummiparagraphen wie »Beeinträchtigung staatlicher oder gesellschaftlicher Tätigkeit«, »Zusammenrottung«, »Ungesetzliche Verbindungsaufnahme«, »Öffentliche Herabwürdigung der staatlichen Ordnung« und »Beeinträchtigung der öffentlichen Ordnung und Sicherheit durch asoziales Verhalten«. Wer sich nicht »gesellschaftlich bewährte«, dem drohten massive berufliche Behinderungen, ständige Überwachung und Benachteiligungen jeglicher Art.

Maßregeln und das Schüren von Angst blieben bis zum Schluss die bestbewährten Hausmittel der SED.

Weil das natürlich jeder wusste (auch wenn heute gerne etwas anderes behauptet wird), wurden mir immer wieder Fragen darüber gestellt, wie sich das Schicksal meines Großvaters auf das Leben meiner Mutter und mein eigenes ausgewirkt habe. Das kam mir entgegen, denn so musste ich nicht ausführlich auf meine nach wie vor schwelenden Orientierungsprobleme beim Schreiben eingehen. Also erzählte ich stets von neuem Anekdoten aus meiner Kindheit im Kielwasser der Bürgerrechtsbewegung, die man damals »Opposition« nannte.

Und eines Tages, bis zum Halsansatz in alten Stasiakten vergraben, begann ich, diese Geschichten aufzuschreiben. Während ich schrieb, schien es mir, als würden sich alle Türen öffnen und ich sei endlich angekommen.

Ich erinnere mich an ein Gespräch, das ich kurz vor Erscheinen dieser Anekdoten mit meinen Eltern führte. Wir saßen am Küchentisch, auf dem sich eine gebundene Fassung der fertigen Großvater-Dokumentation und zwei druckfrische Ausgaben meines ersten Erzählbandes stapelten. Wir sprachen über die Wendungen der letzten Monate. Dass ich noch vor kurzem hilflos an den Wegzweigungen meiner Zukunft gestanden hatte und nun wusste, wohin ich wollte. Meine Mutter legte ihre Hand auf den Einband des obersten Buches und sagte: »Das ist sein Geschenk.«

Der vollkommen unerwartete Erfolg von *Meine freie deutsche Jugend* würde mir schon wenig später den gerade so glücklich gefundenen Boden wieder unter den Füßen wegziehen. Aber das ist ein anderes Thema. Davon ahnte ich zu diesem Zeitpunkt noch nichts.

Im folgenden Jahr unternahm ich eine ausgedehnte Lesereise durch die gesamte Bundesrepublik. Anfang November 2003 las ich an fünf aufeinanderfolgenden Abenden in den Hansestädten Hamburg, Wismar, Rostock, Stralsund und bei den Literaturtagen in der mecklenburg-vorpommerschen Landeshauptstadt Schwerin. Die Veranstaltung fand in einem barocken Herrenhaus aus sandfarbenem Backstein statt und wurde vom Norddeutschen Rundfunk mitgeschnitten.

Zwei Wochen darauf stand ich gerade an einem Bahnsteig in Köln, als mein Handy klingelte. Am anderen Ende der Leitung war mein Lektor, der mich fragte, was ich gerade täte.

»Ich warte auf den Zug nach Dortmund, warum?«

»Wir haben heute einen Anruf bekommen im Verlag. Kannst du dich irgendwo hinsetzen?«

»Was für einen Anruf?«

»Setz dich bitte erst mal.«

Seine Stimme klang ungewöhnlich ernst. Ich suchte mir einen Platz auf einer Bank.

»Der Mitgefangene deines Großvaters hat sich bei uns gemeldet. Er möchte euch gerne treffen.«

Im selben Moment fuhr der Zug ein. Die Hektik des Aufbruchs ließ mir wenig Gelegenheit zu verarbeiten, was ich gerade gehört hatte. Den Koffer in der Hand und das Telefon am Ohr quetschte ich mich in ein Abteil, bemüht, jedes weitere Wort meines Lektors zu verstehen.

Als wir aufgelegt hatten, sah ich benommen aus dem Fenster. Dann rief ich meine Mutter an.

Es dauerte ein paar Tage, bis wir uns gesammelt hatten und Ronald Grimm einen Brief schreiben konnten. Um die Weihnachtszeit telefonierten wir das erste Mal miteinander. Anfang des neuen Jahres fuhren meine Eltern und ich zu ihm.

Er lebt heute mit seiner Frau in einem kleinen Dorf kurz vor Zinnowitz. Dort, auf der Insel Usedom, war mein Großvater bis zu seiner Amtsenthebung 1962 Landrat gewesen.

Bevor ich Ronald Grimms Geschichte erfuhr, erzählte ich immer gerne den Witz, in dem ein politischer Häftling einen Neuzugang am ersten Tag fragt, zu wie viel Jahren er verurteilt sei. Der antwortet: »Fünf.« Daraufhin fragt der Erste, was er denn getan habe. »Nichts«, sagt der Neue. Der ältere Häftling wiegelt kopfschüttelnd ab: »Das kann nicht sein. Für nichts kriegt man nur drei Jahre.«

Inzwischen weiß ich, dass die Realität diesen Witz längst eingeholt hatte, als er kursierte. Es gibt Leute, die haben in der DDR für nichts lebenslänglich bekommen. Ronald Grimm wurde für nichts zu zwölf Jahren Haft verurteilt. Nach seiner Festnahme durch das MfS am 12. Januar 1967 brachte man ihn direkt in die UHA nach Rostock.

Ronald Grimm, Jahrgang 1944, stammt aus einer kleinen Stadt in der Nähe von Zwickau. Er hatte eine Ausbildung zum Baumaschinisten gemacht und sich dann für vier Jahre bei der Volksmarine verpflichtet. Ihn faszinierten die U-Bootjäger in Peenemünde. Der Grundwehrdienst der Nationalen Volksarmee betrug nur 18 Monate, aber wer auf ein solches Schiff wollte, musste die Maatenschule absolvieren und für mindestens drei Jahre unterschreiben.

An einem Januarabend 1967 lag die »Albatros« auf der Werft in Warnemünde. Alle Offiziere waren von Bord gegangen und nur eine kleine Besatzung zurückgeblieben. Durchaus nichts Ungewöhnliches. Wie schon ein paar Mal, entwickelte sich auch an diesem Abend unter den jungen Männern, die sich gut kannten, ein flapsiges Gespräch darüber, wie leicht man in so einer Situation doch abhauen könnte. Das Schiff allein zu bedienen sei schließlich kein Problem. Es war kein konkretes Fluchtvorhaben, kein Akt des Widerstandes, nicht einmal ein richtiger Plan. Es waren Angebereien unter Halbstarken. Sehnsucht nach Abenteuer. Die jungen Männer legten sich später in ihre Kojen, ohne einen weiteren Gedanken daran zu verschwenden.

Doch einer unter ihnen nahm die Sache diesmal ernst. Er war wütend, weil ihm kurz zuvor ein Landgang gestrichen worden war, und hoffte vielleicht so auf seine Chance, bei den Vorgesetzten zu punkten. Er erstattete am nächsten Morgen Bericht beim Kommandanten. Dieser informierte die Behörden, und die zwölf betroffenen Matrosen wurden umgehend festgenommen. Sie begegneten sich nur noch ein einziges Mal im Gerichtssaal. Die vier »Rädelsführer«, unter ihnen Ronald Grimm, wurden zu Freiheitsentzug jeweils zwischen zehn und fünfzehn Jahren verurteilt. Die anderen acht Festgenommenen »teilten« sich Haftstrafen von insgesamt 45 Jahren. Die Anklage lautete auf »Spionage in Tateinheit mit staatsgefährdenden Gewaltakten und Fahnenflucht«.

Ronald Grimm hat davon etwas über die Hälfte abgesessen. Den überwiegenden Teil im Zuchthaus Brandenburg. Seine Haftverschonung ging lediglich auf eine Amnestie zurück, welche Erich Honecker im Vorfeld der Weltjugendfestspiele, die 1973 in Ost-Berlin stattfanden, erlassen hatte. Die restliche Strafe wurde Ronald zur Bewährung ausgesetzt. Er bekam einen provisorischen Personalausweis, strikte Wohnortbindung an seine sächsische Heimatstadt und musste sich wöchentlich bei der Polizei melden. Als er an einem kalten Wintertag den Knast verließ, 328 Mark »Lohn« im Portemonnaie, führte sein erster Weg in ein Kaufhaus. Man hatte ihn auf dem Schiff in Uniform verhaftet, für die Freiheit brauchte er nun eine warme Jacke.

Der Samstagmorgen einunddreißig Jahre später, an dem mein Vater, meine Mutter und ich uns auf den Weg zu Ronald Grimm und seiner Frau machten, war ungewöhnlich lau für einen frühen Februartag. Wir kamen schnell bis Usedom durch. Um diese Jahreszeit lief man nicht Gefahr, in Urlauberstaus steckenzubleiben. In Wolgast hielten wir nicht. Wir wollten erst auf dem Rückweg am Friedhof und dem alten Elternhaus meiner Mutter vorbeifahren.

Wir fuhren über den Peenestrom auf die Insel und bogen noch vor Zinnowitz links ab. Anfänglich hatten wir Schwierigkeiten, das abseits gelegene Grundstück zu finden. Nichts deutete von der Straße aus darauf hin, dass hier jemand lebte.

Meine Mutter war sehr aufgeregt. Sie hatte ihre Zeit gebraucht, um die Angst vor diesem Treffen zu beherrschen. Mit der Hoffnung, endlich etwas zu erfahren über den unmittelbaren Todestag ihres Vaters, verband sich zugleich die Sorge, dem nicht gewachsen zu sein. Ihr war klar, dass dies die wichtigste Begegnung werden würde, die mit ihrer Kindheit, ihrem Vater, ihrer Sehnsucht und Trauer um ihn zusammenhing. Schon die Tatsache, dass sie den Menschen kennenlernen würde, der bei ihrem Vater gewesen war, als alle ihn bereits verlassen hatten, war für meine Mutter ein Glück, das durch nichts zu enttäuschen war.

Der Zufall hatte ihn zu uns geführt. Wenn Ronald schneller oder ich langsamer gewesen wäre, hätten wir einander verpasst. Eines Abends hatte Ronald nebenbei das Radio laufen lassen. Als der Sprecher einen Mitschnitt von den Schweriner Literaturtagen ankündigte und den Titel meines Buches nannte, dachte er missmutig: »Bitte nicht schon wieder«, erhob sich und durchquerte die Küche, um das Programm abzuschalten. Die Sekunden, die er für den kurzen Weg brauchte, genügten. Der vierte Satz meiner ersten Geschichte endet mit den Worten: »… die Bradherings aus Wustrow auf dem Fischland.«

Bradhering.

Ronald horchte auf. Diesen Namen hatte er zum letzten Mal vor Jahrzehnten gehört. An genau dem Ort und zu genau der Zeit, von der ich wenig später im nächsten Text vorlas: »Im Januar 1967 in einer feuchten Zelle der Untersuchungshaftanstalt des MfS in Rostock.« Ronald wusste sofort, dass eine Verwechslung ausgeschlossen war. Er hörte die Lesung bis zum Schluss, notierte sich meinen Namen und den des Verlags. Dann beriet er sich mit seiner Frau. Ein paar Tage später nahm er Kontakt zu S. Fischer in Frankfurt auf. Wohin ihn das führen sollte, wusste er nicht.

Wir riefen Ronald an, und er kam vor zum Tor, um uns in Empfang zu nehmen. Mein Vater und ich gaben ihm die Hand. Meine Mutter zögerte. Es war ihr anzusehen, dass sie einen Handschlag zu wenig angemessen fand, aber Ronald, den sie nur vom Telefon kannte, auch nicht sofort mit ihren Gefühlen überrumpeln wollte.

Im Ferienhäuschen, in dem wir schlafen würden, erwarte uns Ronalds Frau Thea. Sie zu begrüßen fiel uns allen etwas leichter. Wir sprachen kurz über die Reise und das Wetter, dann ließ sie uns erst einmal allein.

Die nächsten anderthalb Tage verbrachten wir intensiv mit Ronald und seiner Frau. Wir redeten sehr viel. Wir unterhielten uns über alte und neue Zeiten, über Politik, Versäumnisse und Ernüchterung. Über Wünsche und Glück. Wir erzählten aus unserem Leben, die Grimms aus ihrem. Vom Schiff, von der Festnahme, von Brandenburg, von den abgelehnten Ausreisegesuchen, von den ersten Monaten in Freiheit, von dem Fluchthilfeangebot eines freigekauften Zellenfreundes, das Ronald ausgeschlagen hatte aus Liebe zu seiner Thea, die ihre Mutter nicht verlassen wollte. Sie erzählten, wie sie später in den Stasiakten herausfanden, dass diese Flucht verraten worden war, aber die Stasi vergeblich auf den Flüchtling gewartet hatte. Wie sie sich viele Jahre später entschlossen, Sachsen zu verlassen und gemeinsam an die See zu ziehen. Der Name meines Großvaters fiel nicht. Alle scheuten wir uns, ihn auszusprechen.

Am letzten Vormittag saßen wir zusammen an dem schmalen Couchtisch im Ferienhaus. Thea goss Kaffee ein. Einen langen Moment sagte niemand etwas.

Dann richtete Ronald sich etwas auf in dem tiefen Sessel: »Habt ihr Fragen?«

Meine Mutter weinte. Sie biss sich auf die Unterlippe und schüttelte kurz hilflos den Kopf.

Ich hätte Fragen gehabt, aber ich hielt mich zurück. Dafür war Zeit.

Ronald erzählte, leise und stockend wie er die ersten Tage in Einzelhaft verbrachte, 22 Jahre alt, ohnmächtig vor Angst und geschwächt von den nächtelangen, aggressiven Verhören. Wie er nach zehn Tagen in die Zelle zu einem anderen Häftling gebracht wurde, der fast doppelt so alt war wie er und schon seit sieben Monaten hier saß. Er erzählte, wie dieser mit ihm in den wenigen verhörfreien Augenblicken Schach gespielt und ihn immer wieder ermutigt hatte, obwohl er selbst schon ohne jede Hoffnung war. Und dass der andere, der Häftling 4002 Günther Bradhering, nicht dasselbe Essen wie er bekam, weil er wohl einen schwachen Magen hatte. Erst als Ronald erzählte, wie mein

Großvater ein paar Tage später nach dem Mittagessen plötzlich krampfte, zusammenbrach und dann in seinen Armen unmittelbar verstarb, wagte ich eine erste Frage zu stellen.

»Glaubst du, dass er wirklich gleich tot war?«

Meine Frage kam nicht von ungefähr. Den Akten liegen zwei sich widersprechende Obduktionsgutachten bei. Entgegen den internen Unterlagen der UHA verstarb Günther Bradhering offiziell zwei Tage später als freier Mann in der Nervenklinik Rostock-Gehlsheim, ohne das Bewusstsein wiedererlangt zu haben. Es gibt begründeten Verdacht anzunehmen, dass der Leichnam meines Großvaters im Krankenhaus nur »zwischengelagert« wurde, bis die überstürzte Haftentlassung amtlich war.

»Ich bin kein Arzt, aber er hat nicht mehr geatmet, und seine Augen waren glasig. Ich bin sicher, dass er tot war«, antwortete Ronald nach einem Moment des Nachdenkens. Meine Mutter schluchzte, riss sich aber gleich wieder zusammen.

Als sie sich gesammelt hatte, stellte sie doch ein paar Fragen. Manche konnte Ronald beantworten. Manche nicht. Er war nur vier Tage Mithäftling meines Großvaters gewesen, die meiste Zeit davon hatte er im Vernehmungsraum der Stasi verbracht.

Wir verabschiedeten uns ein paar Stunden später und umarmten uns alle lange zum Abschied. Es war keiner für immer, so viel stand fest.

Nachdem meine Eltern und ich am frühen Abend wieder in Berlin angekommen waren, rief meine Mutter sofort auf Usedom an. Sie sprach fast zwanzig Minuten mit Ronald. Er sagte ihr, dass er niemals, auch Thea gegenüber nicht, so intensiv über seine Haftzeit gesprochen habe. Aber dass er froh darum sei. Als meine Mutter uns davon erzählte, verstand ich, dass unser Treffen mit ihm nicht nur uns befreit hatte.

Meine Familie ist seitdem mit Ronald und Thea befreundet. Es ist eine dieser stillen, innigen Verbindungen zwischen Menschen, denen es genügt, sich gelegentlich zu vergewissern, dass es dem anderen gutgeht. Und dass er da ist.

Bezirk Neubrandenburg: *AUF DEM DEUTSCH-POLNISCHEN FREUNDSCHAFTSWEG*

Meine Großmutter hat drei Dinge an mich weitergegeben, die heute mein Leben ähnlich stark bestimmen wie einst das ihre: die Reisefreude, das Geschichtenerzählen und das Vergnügen am Fahrradfahren. Leider war sie in den späten neunziger Jahren schon zu gebrechlich, um noch von den Hunderten von Kilometern moderner Radwanderwege zu profitieren, die nach der Wende in den neuen Bundesländern angelegt wurden. Nach und nach hat man das DDR-Gebiet mit Nationalparks, Naturparks, Biosphärenreservaten und Naturschutzgebieten systematisch zu einem riesigen Aktivsport-Naherholungsgebiet ausgebaut.

Ich mag besonders Kanal- und Flusstouren. Sie verlaufen an Elbe, Spree, Havel, Mulde, Saale und so weiter. Es gibt davon inzwischen fast genauso viele wie Wasserarme in der Landschaft. Auch der östlichste Radweg Deutschlands führt seitwärts zweier Flussläufe. Entlang der Oder und Neiße hinauf zum Stettiner Haff. 465 Kilometer, die ganze deutsch-polnische Grenze hoch, vom Zittauer Dreiländereck bis zur Insel Usedom. Durch Sachsen, Brandenburg und Mecklenburg-Vorpommern. Dresden, Cottbus, Frankfurt (Oder), Neubrandenburg, Rostock. Drei Bundesländer, fünf ehemalige DDR-Bezirke.

Diese Strecke wird nicht von ungefähr auch Freundschaftsweg genannt. Was wie ein Relikt des Warschauer

Pakts klingt, hat seine tiefe Bedeutung im Heute. Die Grenze war lange Zeit äußerst sensibles Gelände, und in gewisser Hinsicht markierte erst ihre endgültige Festlegung im Rahmen des deutschen Einigungsprozesses den Schlusspunkt des Zweiten Weltkriegs.

Als der damalige Vorsitzende des Bundes der Vertriebenen einmal wieder lautstark Stimmung gegen das »Aufgeben der deutschen Ostgebiete« machte, kommentierte der Großvater eines Freundes, selbst Ostpreuße und zum Zeitpunkt der Wiedervereinigung fast neunzig Jahre alt, die Rede des tobenden fünfzehn Jahre Jüngeren nur mit den Worten: »Der ist doch total senil!«

Genauso sah das auch meine Großmutter. Sie war neunzehn Jahre alt, als sie mit ihrer Familie 1945 aus Breslau fliehen musste. Es war die traumatischste Erfahrung ihres Lebens, trotzdem habe ich sie niemals das Gebiet des heutigen Polens in Frage stellen hören. Meine Großmutter liebte ihre Heimat und besuchte sie später oft, aber sie war kein Mensch, der sein Herz an verlorene Dinge hängt. Wenn Oma Schulfreundinnen besuchte und meine Mutter deswegen Witze über Schlesiertreffen riss, fing sie sich böse Blicke. Meine Großmutter hat den Verlust Schlesiens als berechtigte Strafe empfunden. So ist das eben, wenn man Krieg anfängt. Da war sie sehr pragmatisch.

Ich erinnere mich gut, dass kurz nach der Wende in Berlin jemand in Bezug auf die Diskussionen um den Verlauf der deutschen Ostgrenze an eine Wand gesprüht hatte: »Deutschland in den Grenzen von 1239 – Neapel ist unser!« Ich fand das sehr lustig. Mir selbst stand dieser Humor damals allerdings noch nicht zur Verfügung. Ich war eher angsterfüllt und verwirrt.

Darf man aktuellen Umfragen Glauben schenken, hat sich das Klischee des Deutschen in den vergangenen Jahren überraschend gewandelt. Während er heute aus Sicht des Auslands eher ein bärtiger junger Mensch in Birkenstocksandalen ist, friedfertig und reisefreudig, galt bis spät in die zweite Hälfte des zwanzigsten Jahrhunderts als typischer Teutone ein kurzgeschorener Uniformträger, der herrisch herumbrüllte und auch sonst gefährlich war. Unverändert geblieben ist damals wie heute die Annahme, wir würden alle schunkeln, Wurst essen und Bier trinken.

Ich muss zugeben, ein bisschen stellte ich mir so den gemeinen Westdeutschen vor. Eine Dummheit, die mir heute durchaus peinlich ist. Als DDR- Kind war ich der gängigen Doktrin BRD gleich Faschismus und DDR gleich Antifaschismus widerstandslos ausgeliefert gewesen. Auch meine Eltern hatten dem wenig entgegenzusetzen – beide in den fünfziger Jahren geboren, hatten sie selbst nie etwas anderes kennengelernt. Wie ich waren sie in der Schule auf die Definition Georgi Dimitroffs eingeschworen worden, nach der Faschismus die »offene terroristische Diktatur der reaktionärsten, am meisten chauvinistischen, am meisten imperialistischen Elemente des Finanzkapitals« ist. Kapitalismus und Faschismus gehörten nach dieser Theorie nicht nur historisch, sondern wesensimmanent zusammen. So abwegig es heute klingen mag, aber man hat uns beigebracht, dass die wahren politischen Interessen der Machthaber im Westen (inklusive der skrupellosen Alliierten) letztlich denen des Nationalsozialismus nicht nur glichen, sondern früher oder später wieder genau dorthin führen würden. Jedes Schulkind wusste, dass nur in der DDR, dem »ersten antifaschistischen Staat auf deutschem Boden«, wo sogar in der Verfassung stand, dass »Militarismus und Nazismus ausgerottet« waren, ein neuer Faschismus keine Chance hatte. Denn das schuldige Finanzkapital war ja enteignet.

In diesem, vielleicht einzigen, Punkt war das Propagandakonzept der DDR bei mir vollkommen aufgegangen. Mein geistiger Horizont ging über die vorgegebene Linie tatsächlich nicht hinaus. So war ich erschreckend lange Zeit nach der Wende noch davon überzeugt, dass im Westen vor allem alte Nazis das Sagen hatten, deren Chance gekommen war, wenn schon nicht Groß- dann doch wenigstens Restdeutschland nun endlich wieder in den Nationalsozialismus zu führen ...

Ich habe oft erklärt, dass eine meiner größten Schwierigkeit stets darin bestand, mir die DDR schönzureden – eine Erfahrung, die fast alle Ossis, jeder auf seine Art, mit mir teilen. Mir persönlich kam die Legende vom bis zu den Wurzeln ausgemerzten Faschismus im Osten und schwelender Nazi-Gefahr im Westen in dieser Hinsicht am meisten entgegen. Damit war die BRD für mich natürlich diskreditiert. Ich hätte die DDR verlassen, das stand fest – aber niemals in Richtung Westdeutschland.

Doch dann kam alles anders. Die Mauer fiel, der Einigungsvertrag wurde unterzeichnet, die Zwei-plus-Vier-Verhandlungen setzten ein. Und plötzlich war ich Bundesbürgerin.

Mit dem Erhalt der neuen Staatsbürgerschaft sah ich mich mit einem Problem konfrontiert, das sich mir in dieser Härte nie gestellt hatte: meine nationale Identität. Bis dahin hatte ich mich kritisch, aber revanchismussicher eingerichtet in meiner DDR-Herkunft. Nun musste ich auf einmal damit klarkommen, einfach nur noch Deutsche zu sein.

Deutsche – in meinen Ohren klang das, als wäre ich dem Bund deutscher Mädel oder wenigstens der Schlesischen

Landsmannschaft beigetreten. So wie eine gleichaltrige Freundin aus Frankfurt am Main als Heranwachsende real gefühlte Angst vor einem atomaren Angriff der Russen hatte, so war für mich die Gefahr des Einfalls bundesdeutscher Truppen und die Möglichkeit einer Restauration des Dritten Reiches real. Im Gegensatz zum Warschauer Pakt waren mir die Warschauer Verträge als Teenager nicht geläufig. Auch vom Kniefall Willy Brandts im Jahr, bevor ich zur Welt kam, hörte ich erst nach der Wende.

Ich war Anfang der neunziger Jahre noch so verunsichert, dass ich nicht einmal das Wort »Deutschland« aussprechen konnte, ohne einen kalten Schauer im Nacken zu spüren. Als Ossi geübt im ideologischen Selbstbetrug, legte ich deshalb nach der Wiedervereinigung meinen sorgsam geschneiderten nationalen Tarnumhang nicht ab, sondern zurrte ihn enger um die Schultern.

Er bekam erst Risse, als ich 1993 das Land verließ und zum Studium nach Italien ging. Weit weg von zu Hause, weit weg von Befindlichkeitskämpfen, vom inhaftierten SED-Zentralrat, von Stasi-Enthüllungen und Rechtfertigungszwang, weit weg vom unverdauten Schock über die Verschiebung von »Wir sind das Volk« zu »Wir sind ein Volk« und den grauenvollen Ausschreitungen von Hoyerswerda und Rostock, die nicht gerade geeignet waren, meine deutschen Zweifel zu beseitigen, konnte ich erstmals durchatmen und zu mir kommen. Im wahrsten Sinne des Wortes.

Wenn ich mich jetzt daran erinnere, fällt mir auf, dass mein Aufenthalt in der Emilia-Romagna von Anfang an eine Ablösung darstellte. Das begann schon mit dem Reisepass.

Ich hatte noch im November 1989 einen Pass beantragt, um möglichst schnell nach Frankreich fahren zu können.

Eine Reise, die zu diesem Zeitpunkt für DDR-Bürger ja noch visumspflichtig war. Am 21.12.1989 wurde mir das kostbare Dokument in der Meldstelle im Prenzlauer Berg am Wasserturm ausgehändigt. Mein Pass bekam in den kommenden Wochen sehr viele dieser knalligen grün-lila Stempel, die an den Übergängen zwischen West- und Ost-Berlin in der ersten Zeit nach der Maueröffnung von den Grenzbeamten tapfer verteilt wurden, als sei dies noch eine ernst zu nehmende Staatsgrenze.

Während ich meinen DDR-Personalausweis recht schnell eintauschte, hing ich an dem dunkelblauen Reisepass. Es ging um die Ausreisevermerke darin, von denen ich mich nicht trennen konnte. Vor allem mein erstes französisches Visum vom Februar 1990.

Aber als das Studienjahr in Italien bevorstand, schien es mir angebracht, endlich einen »richtigen« Pass zu haben. Einen normalen deutschen wollte ich nicht. Ich war noch nicht so weit, mit dieser eindeutigen Zuordnung durch die Gegend zu laufen, und außerdem sah er aus wie die grünen Sozialversicherungsausweise der DDR.

So entschied ich mich für einen Europa-Pass. Als ich das bordeauxfarbene Heft mit dem Bundesadler auf der Vorderseite bekam, bat ich den Beamten darum, meinen alten Pass zur Erinnerung behalten zu dürfen. Ohne mich anzusehen, nickte er und griff nach einem Stempel. Als ich das mir so wichtige Dokument, das Letzte, das mich als DDR-Bürgerin auswies, zurückbekam, waren alle Seiten mit dem Vermerk »ungültig« versehen.

Ich merkte bald nach meiner Ankunft in Italien, wie kompliziert es war, sich außerhalb des deutschsprachigen Gebiets mit dem Provisorium »ehemalige DDR« durchzuwinden. Es hatte zwei entscheidende Nachteile: Erstens klang das italienische Akronym für Repubblica Democratica Tedesca, RDT, irgendwie nach DDT, einem wegen seiner Umweltschädlichkeit zwar längst verbotenen, aber im allgemeinen Sprachgebrauch noch lebendigen italienischen Insektenvernichtungsmittel, und zweitens verstand nur jeder zehnte Italiener überhaupt, wovon die Rede war. Mein umbrischer WG-Mitbewohner hatte gar noch nie von der Teilung Deutschlands, geschweige denn der Berlins, gehört … Ich gab es schnell auf, die Frage nach meiner Herkunft stets mit einem kurzen Abriss der jüngsten Landesgeschichte zu beantworten und suchte mir einen neuen Nationalbehelf. Meine Heimatstadt. Das war leicht.

Di dove sei? – Berlino.

Doch auch das schützte mich nicht dauerhaft vor dem bösen Wort mit D, das auf Italienisch natürlich mit einem G beginnt. Aber weil »Germania« eher an gehörnte Muskelprotze in Schafsfellen als an Reichsparteitage erinnert, fiel es mir etwas leichter zuzugeben, woher ich kam. Der erste Schritt war getan.

In Wirklichkeit hatte ich nicht nur mit dem Wort »Deutschland« Schwierigkeiten. Ich vermied alles, was mich irgendwie verbal in Verdacht bringen konnte, denn der Reaktionär entlarvte sich schon im Gebrauch der deutschen Namen. Aus naheliegenden Gründen sagte ich zwar Breslau, wenn es um die Heimat meiner Oma ging, aber stets Wrocław, wenn die Rede von der Woiwodschaftshauptstadt war. Entsprechend hatte es in der Schule auch eine Weile gedauert, bis mir klar wurde, dass es sich dabei um ein und denselben Ort handelte. Ich hätte als Kind niemals Stettin für Szczecin gebraucht, Danzig statt Gdansk oder Posen für Poznan. Wenn ich damals schon gewusst hätte, dass ich in »Vorpommern« geboren bin, hätte ich mir sicher den Zungenbrecher Pomorze Przednie antrainiert.

Aber in der DDR existierte dieser Begriff nicht. Und ich hörte ihn auch in Goleniów niemals, einer Kleinstadt nördlich von Stettin, wohin meine Großmutter mich als Kind oft mitnahm. Sie hatte in Goleniów eine gute Freundin, die sie regelmäßig besuchte. Die Bekanntschaft mit ihr stammte noch aus der Zeit, als mein Großvater Kreisratsvorsitzender in Wolgast war. Mit seinem damaligen Amtskollegen von der polnischen Seite Usedoms, dem Swinemünder (Świnoujścier) Landrat, pflegten meine Großeltern nicht nur beruflichen, sondern auch privaten Umgang. Bei einer solchen Gelegenheit hatte Oma Kati getroffen und sich mit ihr angefreundet. Kati stammte ursprünglich aus der Ukraine und hatte ebenfalls nach dem Krieg aus ihrer Heimat fliehen müssen. Die polnische Regierung hatte sie in den »frei gewordenen« Gegenden hinter der neuen Grenze angesiedelt.

Nicht nur das harte Schicksal der Vertreibung verband die Frauen. Sie ähnelten sich auch sonst. Beide waren temperamentvoll und anpackend, rauchten wie Schlote (Kati Sport, Oma F6), soffen jeden Kerl unter den Tisch und legten sich mit den Oberen an, wo immer ihnen etwas in die Quere kam. Sie waren der Typ Frau, über den man damals sagte, er lasse sich die Butter nicht vom Brot nehmen.

Kati und Oma, die beide lachten (und nebenbei bemerkt auch schnarchten) wie Räuberhauptmänner, waren für mich der lebende Beweis für die Richtigkeit der Oder-Neiße-Grenze. Der Krieg hatte sie alle entwurzelt. Nun war der Neuanfang, der für beide außerordentlich schwer gewesen war, endlich getan. Sie hatten Familien gegründet und ihre Kinder großgezogen. Die Fremde war ihnen Heimat geworden. Wer das in Frage stellte, würde ihr Leben erneut in Frage stellen. Wer das angriff, griff Kati und meine Großmutter an. So einfach war das für mich als Kind.

Und ehrlich gesagt, so einfach wäre das für mich im Grunde immer noch. Nur mit dem Unterschied, dass ich inzwischen weiß, wie absurd und unbegründet eine solche Sorge heute ist.

Denn natürlich lernte ich dazu, nachdem es mir gelungen war, Ost-Berlin endlich auch mental zu verlassen. Der Aufenthalt in Italien und die Jahre danach, in denen ich mich eng mit einigen gleichaltrigen, politisch interessierten Westdeutschen befreundete, zeigten mir, wie sehr viel anders die Dinge bei ihnen tatsächlich standen.

Ich kannte die historischen Fakten über den Umgang mit NS-Tätern und Ämterverteilung in beiden deutschen Staaten nach dem Krieg, aber darum ging es mir nicht. Wovor ich mich fürchtete, war nicht die Vergangenheit, sondern die Zukunft. Und die lag bei meiner Generation. Die vielen langen Gespräche, die wir über das Dritte Reich, den Krieg, Antisemitismus, Fremdenhass führten, über Vertreibung, Teilung, Wiedervereinigung und die Streichung des Beitritt-Artikels 23 aus dem damaligen Grundgesetz, der das deutsche Hoheitsgebiet endgültig in den Grenzen von 1990 festlegte, beruhigten mich. Meine neuen Freunde waren loyale und geübte Demokraten. Sie kannten sich sehr genau aus im braunen Sumpf, seinen Ursachen und Folgen – nicht selten besser als ich. Meine Vorurteile gegen »den« reaktionären Westen lösten sich einfach im Dunst durchdiskutierter Sommernächte auf. Die letzten Spuren eines Bildes zu revidieren, das die DDR-Gehirnwäsche in meinem Kopf hinterlassen hatte, war der zweite und vielleicht wichtigste Schritt auf dem Weg zu mir selbst.

Der nördliche Teil des Oderradwegs führt durch die Ueckermünder Heide, welche zu DDR-Zeiten dem damaligen Bezirk Neubrandenburg angegliedert war. In dieser Höhe der Grenze liegt Goleniów – Luftlinie nur 35 Kilometer entfernt.

Als ich hier im vergangenen Jahr entlangradelte, dachte ich viel an meine frühen Reisen nach Polen. Kati lebt schon lange nicht mehr, und auch meine Großmutter ist gestorben. Sie haben von der EU-Osterweiterung und der Öffnung der Grenze zwischen Polen und Deutschland nicht mehr profitieren können.

Die Radstrecke verläuft idyllisch im Grünen. Es sind schmale Trampelfade und Alleen, die unter Bäumen entlang, über Felder und Wiesen, auf stillgelegten Bahndämmen und durch romantische Wäldchen führen. Sanfte Hügel. Dichtes Schilf umwuchert die Ufer kleiner Seen. Die Oder ist hier längst außer Sichtweite. Wie alle Flüsse folgt sie der Sehnsucht nach dem Meer. Sie biegt schon oberhalb Schwedts auf die polnische Seite in Richtung Haff ab.

Den Bezirk Neubrandenburg habe ich als Kind meist nur auf der Durchfahrt gesehen. Trotzdem erinnerte mich vieles hier an Orte, in denen ich aufgewachsen bin oder die ich gut kenne. Einsam und friedlich liegen die Dörfer da. Die Konsumverkaufsstellen sind geschlossen, und die Straßen wurden erneuert. Viele Häuser haben Anbauten bekommen. Nicht alle sind schon komplett verputzt, und manchmal fehlt noch das halbe neue Dach. Stattdessen wird der Giebel dann mit Planfolie abgedeckt. Es braucht alles seine Zeit.

Zweimal war von der Straße aus ein verschrotteter Trabi auf dem Hof zu sehen. Einer diente nun als Kinderspielplatz, und der andere war zum Blumenkübel umfunktioniert worden. Das hat mir sehr gefallen. Ich mag es, wenn Dinge einen neuen Sinn bekommen.

Ich dachte auf dieser Tour mehrfach an einen Satz, den ich zum ersten Mal in Goleniów hörte. Jemand sagte ihn über meine Großmutter. »Sie ist gar keine typische Deutsche. Sie hat Humor und ein großes Herz.« Dieses zweifelhafte Kompliment verfolgte auch mich sehr lange. Nach der Wende hörte ich es gern. Es gab mir genau die Absicherung, die ich damals haben wollte. Aber je mehr ich begriff, je älter ich wurde, desto mehr veränderte sich die Wirkung dieser Worte auf mich.

In Italien war ich neben dem abklingenden Vokabelproblem zunehmend noch mit etwas anderem beschäftigt: Ich hatte Sehnsucht nach Deutschland. Nicht einfach Heimweh nach Zuhause und den Menschen, die ich liebte, sondern wirklich Sehnsucht nach meinem Land. Nach meiner Kultur. Nach der Art, wie man sich unterhält, wie man streitet und denkt. Mit jeder Woche, die ich in der Emilia-Romagna verbrachte, wurde mir bewusster, wie stark ich in Deutschland verwurzelt war. Das hatte mit der DDR gar nichts zu tun. Es war ein neues und irritierendes Gefühl, dem ich in den kommenden Jahren sehr genau nachspürte.

Irgendwann in diesem Prozess des Umdenkens und Verortens begann mich das lobend gemeinte »Du bist nicht typisch deutsch« zu verletzen. Wenn ich nachhakte, fielen stets Beschreibungen wie aufgeschlossen, lustig, warmherzig, polyglott, belesen – eben das Gegenteil dessen, was man sich unter einem tumben Deutschen vorstellt. Ich fragte mich nur, wer dann eigentlich gemeint war. Meine Eltern? Meine Freunde? Meine Nachbarn? Die Menschen, die mein Umfeld bestimmten und mit denen ich lebte, erfüllten alle dieses Klischee nicht. Und doch waren sie Deutsche. Genau wie ich.

Nach Hunderten »Du bist gar nicht typisch deutsch« begriff ich schließlich, dass ich genau das doch war: typisch deutsch. Nur eben ein anderer Typ Deutscher. Ein Typ wie meine Großmutter, wie meine Eltern und meine Freunde. Die alten aus dem Osten und die neuen aus dem Westen.

Es war der letzte Schritt auf dem Weg zu meiner nationalen Identität. Mir wurde klar, dass ich Deutschland endlich eine Chance geben musste. Ich bin keine Ausnahme, ich bin ein Teil meiner Nation.

Es ist ein Wesenszug der Deutschen, ihren Zweifeln mit Perfektion zu begegnen und alles richtig machen zu müssen. Jetzt kommt uns das zugute: Wir sind lupenreine Demokraten. Es gibt nichts zu befürchten, solange wir dabei bleiben.

Kati und Oma sind sicher.

Bezirk Schwerin:
ÜBER DIE OSTSEE IN DIE FREIHEIT

Obwohl ich mit allem Schlechten vertraut war, das das DDR-Regime zu bieten hatte, betone ich stets, dass mir die volle Breitseite des Systems erspart blieb. Ich war einfach zu jung dafür. Nur wenige Wochen nach meinem achtzehnten Geburtstag fiel die Mauer und damit die Allgewalt der SED. Es war vorbei. Der Staat hatte keine Macht mehr über mich.

Allerdings glaubte ich auch vorher schon fest an meine strahlende Zukunft. Mir war klar, dass ich einige Hürden auf dem Weg dahin würde nehmen müssen, zum Beispiel die Ausreise und den Verlust meiner Familie – aber dass die Welt und das Leben ansonsten vor mir lagen, daran hatte ich damals keinen Zweifel. In meiner Naivität war ich ein Teenager wie jeder andere auf der Welt.

Doch nicht nur meine Jugend ermöglichte mir diese Zuversicht. Es war vor allem die fehlende Erfahrung von Ernüchterung, von Frust und endgültigem Verzicht. Meine vorübergehende Maskierung in der Schule, von der ich ganz genau wusste, dass sie irgendwann zu Ende sein würde, hatte mit echtem Sicheinfügen wenig zu tun. Vor dem Sommer 1989 konnte niemand davon ausgehen, dass es so schnell vorbei sein würde. Die DDR war ewig. Wer hier lebte, saß für immer fest. Das wusste ich zwar, aber was das für ein Menschenleben bedeutete, konnte ich mit achtzehn

Jahren kaum wirklich ermessen. Es ist kein geringer Unterschied, ob man die Mauern eines Gefängnisses von außen warnend vor Augen hat oder ob man selbst in die Zelle gesperrt wird.

Als die Haupteinschränkungen im Ostalltag gelten heute die strikten Reisebeschränkungen und die schlechte Versorgungslage respektive die mangelnde Konsummöglichkeit. Darüber herrscht allgemeiner Konsens.

Ich hatte mit Letzterem als Jugendliche naturgemäß weniger Probleme. Die Familienversorgung übernahmen meine Eltern. Mich stellten sie nur ab und zu in eine Schlange, in der ich warten musste, um dann Orangen, Bananen oder sonst etwas mitzubringen. Falls es nicht vorher schon ausverkauft war. Schichtarbeit, Haushalt und Beschaffungskampf täglich zu koordinieren, ohne durchzudrehen – davon blieb ich verschont. Entsprechend waren meine Erwartungen an das Leben nicht mit dem Wunsch nach Wohlstand verbunden. Um dieses Problem zu überschauen, hatte ich viel zu wenig Erfahrungen damit. Ich wuchs ja in einem Land auf, in dem die Vermögensverhältnisse relativ egalitär waren. Und wenn jemand doch Geld hatte, konnte er damit nicht genug anfangen, um echten Sozialneid auf sich zu ziehen. Ein Westverwandter war wesentlich mehr wert als ein hohes Einkommen. Was ich von der Wende erhoffte, war Freiheit. Und ich weiß mich damit nicht allein. »Visafrei nach Hawaii« wurde 1989 von den Demonstranten auf der Schönhauser Allee skandiert, und ich schrie begeistert mit.

Als ich die Visafreiheit dann hatte, bin ich trotzdem nicht nach Hawaii geflogen, und ich vermute, auch die anderen Demonstranten haben weitgehend darauf verzichtet. Hawaii hat mich gar nicht interessiert. Die Möglichkeit zu haben, wann immer ich will dorthin zu fliegen, das hat mich interessiert.

Die Lust zum Reisen liegt bei uns in der Familie. Für meine Großmutter war es zeitlebens das größte Vergnügen. Sie sparte jeden Pfennig ihres kargen Sachbearbeitergehalts, tippte nachts und an Wochenenden Diplom- oder Doktorarbeiten ab und verreiste davon, sooft sie konnte. Sie hätte gerne die ganze Welt gesehen, aber das war ihr leider nicht erlaubt. Deshalb besuchte sie im Lauf der Jahre, privat oder in Gruppen, so ziemlich alles, was ihr als DDR-Bürgerin möglich war. Sie reiste nach Polen, Ungarn, Rumänien, Bulgarien, in die Tschechoslowakei und natürlich in die endlosen Weiten der Sowjetunion, welche sich immerhin über zwei Kontinente und fast alle Klimazonen erstreckte. Die UdSSR war ihr liebstes Urlaubsziel. Meist flog sie weit weg, nach Usbekistan, in den Ural, ans Kaspische Meer. Die schönste dieser Reisen war, wie Oma stets schwärmte, die nach Sibirien gewesen. 1976 flog meine Großmutter mit Intourist sogar in die Mongolei. So weit haben es die meisten freien Deutschen nie gebracht.

Daran, dass man zwar eingeschränkt, aber eben doch verreisen konnte, ist deutlich zu erkennen, dass sich hinter dem vehementen Wunsch nach Reisefreiheit in Wahrheit viel mehr verbarg als die bloße Sehnsucht nach exotischen Ländern; nämlich die Freiheit, selbst zu entscheiden. Ein »mündiger Bürger« zu werden, das war nach der Wende ein wichtiger Wert, der heute leider ein wenig in Vergessenheit geraten zu sein scheint. Auch für mich war Frankreich, die Obsession meiner eingemauerten Jugend, nur eine Projektion. Ich wollte weg, weil ich den grauen Osten mit seinen allgegenwärtigen rigiden Vorschriften und seinem Kleingeist nicht aushielt. Dafür reichte es mit achtzehn dann doch schon.

Den meisten Menschen, die unter erheblichen Schwierigkeiten versuchten, das Land zu verlassen, dürfte es ähnlich ergangen sein. Mit dem Versuch, aus der DDR zu fliehen oder es auch nur zu planen, brachte man sich in höchste Gefahr an Leib und Leben. Trotzdem nahmen mehrere Millionen Menschen dieses Risiko auf sich.

Man mag es kaum glauben, aber das Recht auf freie Ortswahl war ursprünglich in der DDR-Verfassung verankert. Im Artikel 10 der Gründungsurkunde vom 07.10.1949 stand: »Jeder Bürger ist berechtigt, auszuwandern.« Allerdings reagierte die DDR-Führung sehr schnell auf die massenhafte einsetzende so genannte Republikflucht. Zuerst mit scharfer Grenzüberwachung, später wurde zusätzlich im Passgesetz noch ein selbständiger Tatbestand geschaffen, der den »unerlaubten Grenzübertritt über die Demarkationslinien« unter Strafe stellte. Wie allgemein bekannt ist, schloss dieses Verbot die Vorbereitung, den Versuch, das Beeinflussen und/oder die Beihilfe zur Flucht mit ein. Nichtsdestoweniger entkamen allein bis zum Mauerbau 1961 bereits über zweieinhalb Millionen Menschen. Dessen eingedenk wird verständlich, dass schon Anfang der sechziger Jahre der Straftatbestand »versuchte Republikflucht« die Hälfte aller politischen Strafverfahren ausmachte. In der neuen DDR-Verfassung von 1968 tauchte das Recht auf Auswanderung entsprechend nicht mehr auf.

Auch der berühmte Ausreiseantrag war kein Formular, das man auf der Meldestelle einfach ausfüllte. Ausreiseanträge mussten bis zum Schluss formlos gestellt werden, die Entscheidung darüber traf maßgeblich das Ministerium für Staatssicherheit, »Schild und Schwert der Partei«.

Es gehört zu den weniger bekannten Fakten über die DDR, dass ein Antrag auf Verlassen des Landes auch leicht ins Gefängnis führen konnte. Ein solches Schreiben galt als Beweisstück für allerlei kriminelle Absichten wie »Nachrichtenübermittlung«, »Agententätigkeit«, »Staatsfeindliche Hetze«, »Beeinträchtigung der öffentlichen Ordnung und Sicherheit« und so weiter. Tausende Ausreisewillige wurden allein wegen ihrer Anträge Jahr für Jahr in der DDR zu Haftstrafen verurteilt.

Nur ein winziger Buchstabe trennt den Ausreiser vom Ausreißer – aber er beschreibt das komplizierte Verhältnis der Zurückgebliebenen zu den Geflohenen. Die »Durchhalter«, »Der Dämliche Rest«, wie sich Ossis in den späten achtziger Jahren über sich selbst lustig machten, fühlten sich oft verlassen von denen, die weggingen. Nicht umsonst sprach man von »abhauen«. Manche sind deswegen bis heute verletzt. Ich kenne viele Flüchtlinge, die sich noch immer mit unausgesprochenen oder ausgesprochenen Vorwürfen konfrontiert sehen. Umgekehrt herrscht durchaus auch Unverständnis für die Entscheidung, in der DDR geblieben zu sein. Der Bruch geht durch Familien, durch Freundeskreise, Nachbarschaften und Arbeitsstellen. Natürlich steckte in jeder Flucht eine Kritik, aber sie richtete sich nicht an die, die geblieben sind. Die Gründe, die DDR zu verlassen, waren berechtigt, und die Gefahr, die das mit sich brachte, real. Die Gründe, nicht aus der DDR weggegangen zu sein, sind so vielfältig wie das Leben der Menschen. Auch hier ist Nachsicht angebracht. Jeder Einzelne wird dafür eine Erklärung haben, die Respekt verdient. Es geht um Lebenschancen und um Prioritäten, um alte Wunden und die schwer zu bewältigende Aufgabe des Verzeihens. Vor einiger Zeit habe ich einen sehr klugen Satz gelesen, an den ich nicht nur in diesem Zusammenhang oft denken muss: »Die Diktatur verletzt Menschen, aber die Demokratie heilt sie nicht.«

Im Frühjahr 2005 sah ich mir in Schwerin eine kleine Wanderausstellung an: »Über die Ostsee in die Freiheit«. Ich kannte das gleichnamige Buch, das mich sehr beeindruckt hatte. Darin sind Fälle spektakulärer Fluchten über das Meer gesammelt, deren Abläufe (geglückt oder gescheitert) sich spannender lesen als jede Fiktion. Ich wusste, dass man in der Ausstellung einige der abenteuerlichen Fluchtvehikel sehen konnte, die vom selbstgebauten Surfbrett bis zu allerlei U-Booten in Eigenkonstruktion reichten. Das bekannteste Gerät aus diesen Geheimwerkstätten ist vermutlich der »Aquascooter«, der später in nur leicht modifizierter Form Karriere als Wassersportspielzeug machte, aber von einem jungen Mann in Sebnitz bei Dresden für die Flucht aus der DDR erfunden und 1968 auch erfolgreich genutzt wurde.

Eine Flucht über die Wassergrenze erforderte umfängliche, meist mehrere Jahre währende Vorbereitungen. Das größte Problem bestand später darin, überhaupt auf das offene Meer zu gelangen. Die große Mehrheit dieser Versuche scheiterte schon an Land. Regelmäßig holten Marine, Volkspolizei und so genannte Freiwillige Helfer Fluchtbereite direkt aus den Zügen der Reichsbahn in Richtung Norden oder nahmen sie auf Zeltplätzen fest. Schon wer ein auffälliges Paddel im Rucksack hatte, machte sich verdächtig. Fast 5000 Menschen wurden nach 1961 wegen missglückter oder aufgedeckter Republikflucht über die Ostsee verhaftet. Die meisten davon wurden rechtskräftig verurteilt.

Anfang der siebziger Jahre entkam ein junger Rostocker Arzt aus der DDR, nachdem er sich zwei Jahre lang zielgerichtet dopte und besessen trainierte, bis er seinen Körper in eine Art lebenden Torpedo verwandelt hatte. Er schwamm 24 Stunden nonstop auf offener See, bis er an der Insel Fehmarn endlich westdeutschen Boden erreichte … Ganze Familien quetschten sich in sprichwörtliche Nussschalen von Freizeit-Paddelbooten und forderten die unberechenbare Kraft des Meeres heraus. Oft bei Nebel und Seegang, damit sie schwerer für die Küstenwachschiffe zu orten waren. Monatelang übten sie, sich wie Seefahrer früherer Zeiten in der endlosen Weite des nachtschwarzen Wassers an den Sternen zu orientieren. Wie viele dabei den Tod fanden, weiß heute niemand. Die See schweigt.

Wer solche Geschichten liest, der versteht sofort, welche Verzweiflung hinter diesen äußerst lebensgefährlichen Fluchten stand. Um die Aussicht auf einen Mallorca-Urlaub oder die Verbesserung des morgendlichen Brotaufstrichs dürfte es dabei ganz sicher nicht gegangen sein.

Als »Über die Ostsee in die Freiheit« im Schweriner »Dokumentationszentrum des Landes Mecklenburg-Vorpommern für die Opfer deutscher Diktaturen« unter der Trägerschaft der Landeszentrale für politische Bildung gezeigt wurde, beschloss ich hinzufahren.

Die Ausstellung ist nicht riesig. Sie passt in einen größeren Raum. An den aufgestellten Wänden hängen Tafeln mit Zahlen, Fotos, Kopien aus Stasi-Akten. Neben den Exponaten, darunter tatsächlich der Original-Aquascooter und ein Surfbrett, kann man die Verläufe der Flucht und ein paar biographische Daten nachlesen. Manchmal hängen vergilbte Abschiedsbriefe daneben.

Obwohl ich einige Geschichten schon kannte und mit dem Thema nicht unvertraut bin, war ich wieder schockiert. Ich habe Glück gehabt: Mir ist viel erspart geblieben. Meinem Wunsch nach Freiheit konnte ich in jeder Hinsicht einfach nachgeben, als es so weit war, ins eigene Leben aufzubrechen. Glückliche Umstände haben meine damaligen Fluchtideen für immer als Pläne eingefroren. Jetzt liegen sie in den kalten Kellern meines Unterbewusstseins.

Doch das Reisen ist mir nie ganz selbstverständlich geworden. Ich nenne das etwas pathetisch die »Momente meiner Freiheit«. Ich habe am Bahnsteig in Paris geweint, an der Klagemauer, auf dem Empire State Building. An der Costa de la Luz hab ich triumphierend gerufen: »Fuck you, Honecker, ich fahr jetzt nach Amerika!«, nachdem mich am Strand die Einladung des Goethe-Instituts von Boston zu einer Lesereise an der Ostküste der USA erreichte. Dass ich irgendwann auch ein solches Erlebnis mit der Ostsee, meinem Meer, haben würde, war nur eine Frage der Zeit. Denn es gehört zu den großen Gewissheiten meines Lebens, dass dich alles irgendwann einholt. Doch gelegentlich versteckt sich das Echo dabei mit so leiser Ironie im Detail, dass es nur schwer zu hören ist.

Meine ganze Kindheit auf Rügen und später in Brandenburg über hatte ich mir gewünscht, auf die andere Seite des Meeres zu fahren. Das unrealistische Ziel meiner Reiseträume war Malmö. Nicht weil diese Stadt mich besonders interessierte, sondern weil es auf dem einzigen Fernzug, den ich kannte, ganz groß vorn draufstand: »Malmö-Express«. Schwedenfähre. Pippi Langstrumpf. Ferien auf Saltkrokan.

Seit es möglich ist, habe ich die Ostsee dreimal überquert. Nicht immer ohne Schwierigkeiten, aber immer ungehindert. Dreimal war Malmö dabei mein Ausgangspunkt für die Weiterfahrt ins schwedische Landesinnere.

Dreimal habe ich den Zug, meinen Malmö-Express, genommen.

Im Jahr 2004 hatte man mich zu einer Lesetour durch Skandinavien eingeladen. Wieder stand Malmö am Anfang meiner Reise. Weil es schnell gehen sollte – der Rhythmus des Lebens hat nicht immer Sinn für Tradition –, nahm ich diesmal ein Flugzeug. Südschweden besitzt keinen internationalen Großflughafen, deshalb erreicht man Malmö am besten, indem man Kopenhagen-Kastrup anfliegt und von dort einfach die S-Bahn nimmt. Die Überfahrt dauert ungefähr zwanzig Minuten.

Die dänische Hauptstadt liegt an der Westseite des Øresund, gegenüber liegt Malmö. Man kann von einem Ufer zum anderen winken. Oder schwimmen. Jahrhundertelang regelten Fährboote den Verkehr über die Meerenge, seit einigen Jahren verbindet nun eine spektakuläre Konstruktion beide Küsten: die Øresundbrücke. Mehrstöckig, acht Kilometer lang, eine vierspurige Autobahn und zwei Eisenbahnschienen. Eine Brücke über das Meer. Ich freute mich, das Wunder endlich selbst zu sehen.

Was meine Reise betraf, wurde alles bereits im Vorfeld organisiert. Tickets für den Transfer von Stadt zu Stadt, Fahrpläne, Hotelbuchungen, Notfalllisten und Telefonnummern. Nur die Fahrt von Kopenhagen nach Malmö war offen. Es war anscheinend sehr kompliziert, von anderswo Fahrkarten für den dänisch-schwedischen Nahverkehr zu beschaffen.

An einem strahlenden Frühlingstag, es war der 12. März 2004, flog ich los. Der Himmel war blau und wolkenlos, die Sonne schien, und das Meer glitzerte. In Kastrup kam mein Gepäck sofort. Ich verstaute Reisetasche und Koffer auf einem Schiebewagen und machte mich auf den Weg. An der Touristeninformation fragte ich nach den Fahrkartenschaltern. Die junge Frau hinterm Tresen lächelte freundlich und teilte mir mit, dass der Schalter geschlossen sei. Aber es gebe Automaten.

Meine gute Laune war sofort dahin. Das hatte ich befürchtet. Ich hasse Fahrkartenautomaten. Sie sind demütigend. In jeder Stadt funktionieren sie anders – und man wird stets für geistig zurückgeblieben gehalten, nur weil man das jeweilige Prinzip nicht sofort durchschaut. Dabei gibt es keine benutzerfreundlichen Computersysteme. Sie sind alle kompliziert, wenn man sie nicht kennt. Natürlich machte auch der Apparat in Kopenhagen keine Ausnahme. Es gab Knöpfe mit Ziffern, und ich hatte keinen Schimmer, was ich damit eingeben sollte. Postleitzahlen? Vorwahlen? Das Geburtsdatum der dänischen Königin? Oder der schwedischen?

Zehn verzweifelte Minuten und einen Blanko-Übergriff auf meine Visacard später hatte ich endlich das richtige Ticket. Nervös nahm ich meine Reisetasche und ging zum Bahnsteig. Als endlich eine Bahn kam, stieg ich ein und suchte mir einen Fensterplatz. Ich setzte mich, atmete durch und spürte, wie der Zug anfuhr.

Stolz erhob sich die Brücke aus dem Wasser. Auf dem Meer schaukelten kleine Fischerboote mit weißen Segeln, verfolgt von gierig kreischenden Möwen. Ich entspannte mich und lehnte den Kopf ans Fenster. Wie sich die Zeiten geändert hatten – so viel Stress wegen eines S-Bahn-Scheins nach Schweden. Was für ein Luxusproblem im Vergleich zu früher.

Als die roten Backsteinfassaden von Malmö in Sicht kamen, stand ich auf. Ich nahm die Reisetasche und sah mich suchend nach meinem Koffer um.

Es dauerte einen grauenhaften Panikschauer lang, bis mir klar wurde, dass ich ihn in Kastrup hatte stehen lassen.

Dieser verdammte Fahrkartenautomat! Nach der Ticket-Tortur hatte ich in meiner Wut zwar die Reisetasche gepackt, den Koffer aber vergessen. Mir wurde heiß und kalt. Ich dachte an die Madrider Anschläge vom Vortag, ich dachte an die dänischen Truppen im Irak, und ich dachte an mein großes schwarzes Gepäckstück, das gerade mutterseelenallein ohne Namensschild auf dem Flughafen von Kopenhagen herumstand.

Falls es noch da stand.

Auf dem gegenüberliegenden Gleis in Malmö fuhr gerade eine Bahn nach Kopenhagen ein. Ich rannte los und sprang hinein. Meine Knie zitterten. In meiner Phantasie sah ich Kastrup komplett gesperrt, die Reisenden evakuiert, am Himmel über dem Rollfeld kreisend, riesigen Raubvögeln gleich, Hunderte Flugzeuge ohne Landeerlaubnis. Am Boden bis an die Zähne bewaffnete Antiterroreinheiten, mit Kopfschutz und kugelsicheren Westen, unruhig auf und ab marschierend vor meinem unschuldigen Koffer, der jeden Moment in die Luft gesprengt werden würde. Ich sah mich in letzter Sekunde über die rot-weiße Absperrung hechten, mich auf mein Gepäckstück werfen und laut rufen: »Keine Bombe! Nur Unterwäsche!« Dann fragte ich mich plötzlich, ob man mir den ganzen Sicherheitsaufwand nicht privat in Rechung stellen würde. Ich spürte Angstschweiß auf der Stirn.

Als mich wenig später auf der Øresundbrücke ein Fahrkartenkontrolleur ansprach und mir auffiel, dass ich für meine überstürzte Rückfahrt überhaupt kein Ticket hatte, brach ich einfach wortlos in hysterisches Weinen aus. Meine Schultern zuckten, die Tränen liefen mir über die Wangen. Verblüfft und betroffen starrte mich der Schaffner an. Hemmungslos schluchzend erzählte ich ihm also von meinem vergessenen Koffer, meiner eingesperrten Kindheit, der Sehnsucht nach Schweden, dem Malmö-Express, dem Fahrkartenautomaten und dem Fluch des Terrors.

Als die Bahn in Kopenhagen-Kastrup einfuhr, sprach der überforderte Mann gerade die letzten tröstenden Worte. Er reichte mir meine Tasche aus der Tür und wünschte alles Gute. Ich winkte schniefend zum Abschied und stürmte ins Flughafengebäude.

Mein Koffer stand etwa 25 Meter entfernt von dem Fahrkartenautomaten, an dem ich ihn vergessen hatte, in einer Ecke. Irgendjemand hatte ihn dorthin abgeschoben. Vielleicht hatte er auch selbst versucht zu fliehen, den unausweichlichen Sprengungstod vor Augen.

Gerührt und erleichtert ging ich auf ihn zu. Die Tücken der Reisefreiheit hatten ihm nichts anhaben können. Meinen Koffer und die Tasche fest in der Hand, machte ich mich auf den Rückweg nach Malmö.

Dort angekommen, sah ich auf die Uhr. Deutschland-Dänemark-Schweden-Dänemark-Schweden in weniger als 180 Minuten. Eigentlich gar nicht schlecht. Malmö-Express mal ganz anders.

Bezirk Potsdam: *BRIEFE AN FREUNDE*

Der Übergang von der vierten zur fünften Klasse stellte in der DDR den Aufstieg eines Schülers von der Unterstufe in die Oberstufe dar. Dieser war natürlich mit neuen Fächern verbunden. Heimatkunde teilte sich nun in Geographie und Geschichte, Zeichnen hieß ab sofort Kunsterziehung, und statt Schulgarten stand Biologie auf dem Lehrplan. Die wichtigste Veränderung aber war, dass in der fünften Klasse der Russischunterricht begann.

Endlich. Darauf freute ich mich wahnsinnig.

Ich wurde nicht enttäuscht. *Nina, Nina, tam kartina, eto traktor i motor.* (Nina, Nina, das ist die Karte, das ist ein Traktor und ein Motor). Bald konnte ich das Alphabet singen und mich vorstellen: Ich heiße Claudia, bin zehn Jahre alt und wohne in Berlin, Hauptstadt der DDR. Ich bin Mitglied der Pionierorganisation.

Obwohl ich meinen ersten Russischlehrer nicht leiden konnte, blieb mir der Spaß an der Sprache auch nach dem entscheidenden ersten Jahr erhalten. Die meisten meiner Mitschüler hatten zu diesem Zeitpunkt die Nase bereits gestrichen voll von kyrillischen Buchstaben und der komplizierten Sechs-Fälle-Grammatik.

Ehemalige DDR-Bürger denken oft, sie könnten heute kein Russisch, weil sie das Fach damals hassten. Aber das ist nicht der Grund. Oder wenigstens nicht der einzige.

Mich hat Russisch interessiert, sogar sehr, trotzdem war ich niemals in der Lage, mich mit Muttersprachlern zu unterhalten. Was bemerkenswert ist nach insgesamt acht Jahren intensiven Unterrichts von vier bis sechs Wochenstunden. Ein derartiges Unvermögen nach jahrelanger Facherziehung zu gewährleisten ist gar nicht so leicht. Das Ministerium für Volksbildung griff auf einen sehr einfachen Trick zurück: Russisch wurde in der DDR wie Latein gelehrt. Als tote Sprache. Ein Geheimcode, der nur auf dem Papier Verwendung fand. Kommunikation war nicht vorgesehen im politischen Konzept. Das spiegelte sich selbst im Wortschatz wieder, der vermittelt wurde. In unserem Russischbuch besuchten Delegationen die volkseigene Industrie, sahen sich Sehenswürdigkeiten wie Ehrenmäler oder Pionierpaläste an, tauschten sich über den gemeinsamen Kampf für die Erhaltung und Festigung des Friedens oder gleich den Sieg des Sozialismus aus. Entsprechend absurde Vokabeln mussten wir lernen. Mindestens die Hälfte davon kann man auch mit sehr viel gutem Willen in kein Alltagsgespräch einbinden. Нефгеперерабатывающий завод (*neftepererabatuiwajuschtschi sawod*) zum Beispiel. Das heißt »Erdöl verarbeitender Betrieb«. Oder die im Arbeiter- und Bauernstaat unverzichtbare Landwirtschaftliche Produktionsgenossenschaft. Auf Deutsch wird sie zwar benutzerfreundlich mit LPG abgekürzt, auf Russisch dagegen müssen alle 46 Buchstaben ausgesprochen werden: сельскохозяйственный производственный кооператив (*selskochosjaistwennui praiswodstwennui kooperativ*).

Es dauert seine Zeit, bis man solche Wortungetüme auswendig gelernt hat – mit dem Effekt, dass sie dann sitzen. Ich kenne keinen einzigen Ostdeutschen, den man nicht mitten in der Nacht wecken und der trotzdem auf Anhieb sagen könnte, wie das russische Wort für Sehenswürdigkeit lautet: Достопримечательность (*dostoprimetschatjelnost*).

Wie der Wortschatz waren auch Gedichte und Lieder dem sowjetischen Kulturgut und nicht der russischen Tradition entliehen. Puschkin oder Tschechow standen leider nie auf dem Lehrplan. Dafür kann ich heute noch Verse auswendig wie »Nein, die Völker dieser Welt wollen keine Kriege mehr« oder »Sing, Soldat, sing von deinem Militärdienst«. Selbst engagierten Lehrern waren die Hände gebunden. Der inhaltliche Aufbau des Schuljahres war stundengenau festgelegt und dringend zu befolgen. In Prüfungen wurde Auskunftsfähigkeit zu gesellschaftspolitischer Arbeit, sportlichen Erfolgen und sozialistischer Planwirtschaft abgefragt. Entsprechend musste dieses blutleere Wissen auch da sein.

Besonders weit kommt man damit im wahren Leben natürlich nicht. Wenn man mich in Russland aussetzen würde, hätte ich ein ernstes Problem. Ich weiß nicht einmal, was »Rückfahrkarte« heißt. Vermutlich würde ich am Ende in einem Erdöl verarbeitenden Betrieb landen.

Mein langjähriger Russischunterricht hat sich eigentlich nur ein einziges Mal wirklich bewährt – und selbst da half mir streng genommen nicht die Schule, sondern meine Großmutter aus der Patsche. Ich war mit Bekannten auf dem Weg nach Franken, als wir am Straßenrand ein liegengebliebenes Auto sahen, dessen Fahrer winkte. Wir hielten. Es stellte sich heraus, dass der Wagen samt Insassen aus Russland kam. Verständigung war weder auf Deutsch noch auf Englisch möglich. Die anderen, allesamt Bayern, sahen mich erwartungsvoll an. Ich stieg aus und fragte, wohl wissend, dass ich die Antwort niemals verstehen würde, ob ich helfen könnte. Offenbar fehlte dem Mann ein Werkzeug, um die Panne zu beheben. Er sagte irgendetwas vollkommen

Unverständliches. Also fragte ich eher hilflos als hoffnungsvoll: »Wie bitte?«, woraufhin er seine Worte langsam wiederholte, gleich zweimal. Und ob man es glaubt oder nicht – ich konnte tatsächlich ein einzelnes Wort identifizieren. Nur eins, aber das reichte. Ключ. Ich drehte mich zu meinen Mitfahrer um und gab bekannt: »Er braucht einen Schraubenschlüssel.«

Das war mehr geraten als übersetzt, aber ich dachte, seinen Autoschlüssel wird er vermutlich dabei haben, also soll *kljutsch*, Schlüssel, wohl Schraubenschlüssel heißen. Das Wort kannte ich gut, denn es war die einzige russische Vokabel, die meine Oma manchmal im Scherz benutzte. Wenn ich zum Spielen in den Hof gehen wollte, ermahnte sie mich gerne mit »*kljutsch*!«, den Wohnungsschlüssel nicht zu vergessen. Auch wenn sie selbst nie Russisch gelernt hatte, das kannte sie von den Hotelrezeptionen in der Sowjetunion. Reisen bildet.

Den Rest des Weges bemühte ich mich, meinen beeindruckten Westfreunden zu erklären, dass ich in Wirklichkeit kein Russisch kann. Aber es war sinnlos. Ich wurde für eine Tiefstaplerin gehalten.

Nachdem *Meine freie deutsche Jugend* erschienen war, bin ich in Interviews oft gefragt worden, ob das ein Buch über die DDR sei. Mich hat das jedes Mal in ungläubiges Staunen versetzt, denn ich ging eigentlich davon aus, dass offensichtlich sei, worum es sich handelt: um eine Sammlung autobiographischer Kurzgeschichten. Bei einer Lesung in Dresden wurde ich einmal sogar streng auf das Fehlen einer Anekdote zur Präsenz sowjetischer Soldaten hingewiesen. Immerhin hätten die ja wohl einen wesentlichen Teil der DDR-Realität ausgemacht. »Das ist richtig«, antwortete ich dem verwirrten Leser damals, »aber wissen

Sie, in *meinem* Leben hat die Sowjetarmee keine Rolle gespielt. Hätte ich ein Buch über die DDR geschrieben, wäre es weitaus weniger leicht und ironisch ausgefallen – und eventuell wären dann auch Ihre Sowjetsoldaten aufgetaucht.«

Das war keine Notlüge. Die »Gruppe der Sowjetischen Streitkräfte in Deutschland« (GSSD), wie sie bis 1989 offiziell hießen, tauchte in meinem Leben nur in Form von abgezäunten Wohngebieten auf, als im Gleichschritt marschierende, kahlgeschorene junge Männer mit viel zu großen Mützen oder als Russenmagazine. Diese meist etwas abseits gelegenen Geschäfte, gedacht für die sowjetischen Offiziersfamilien, boten russische Waren an. Wir kauften dort gelegentlich frisches Fleisch, Mischka-Konfekt, Wodka oder Papyrossi.

Rund eine halbe Million Angehörige der sowjetischen Streitkräfte waren zwischen 1945 und 1994 im Osten Deutschlands stationiert. Die meisten um Berlin herum, in den damaligen DDR-Bezirken Potsdam und Frankfurt (Oder). Soldaten, Offiziere, Zivilangestellte, ihre Frauen und Kinder. Immer im Wechsel. Nacheinander lebten zehn Millionen Sowjetbürger, in erster Linie russischer Nationalität, in der DDR. »Auf dem Gebiet der DDR«, sollte es richtiger heißen, denn im Land lebten sie niemals wirklich. Die einfachen Soldaten wurden ohnehin in die Kasernen gesperrt, aber auch die Offiziere, die mit Frauen und Kindern in ziviler Umgebung lebten, isolierten sich stark von der ostdeutschen Bevölkerung. Kontakt war nicht erwünscht. Weder von Seiten der Sowjetunion, noch von Seiten der DDR-Regierung. Der größte Teil der DDR-Bevölkerung war froh über diese Distanz zum fremden Waffenbruder. Die vielbeschworene Deutsch-Sowjetische Freundschaft blieb eine Legende, eine gesetzlich verordnete Luftblase, die über gesichtslose Massenveranstaltungen nie hinauskam und es auch nicht sollte.

Das war durchaus nicht jedem Beteiligten bewusst. Die Russischlehrerin einer Freundin aus Neuruppin, dem Heimatort Theodor Fontanes, einem kleinen preußischen Militärstädtchen, organisierte Mitte der achtziger Jahre für ihre Schüler im Rahmen der DSF, der Gesellschaft für Deutsch-Sowjetische Freundschaft, blauäugig den Besuch einer sowjetischen Kaserne im Ort. Gedacht war das von ihr auch als Anreiz für die Schüler, das seit Jahren gelernte Russisch endlich einmal anzuwenden. Die Lehrerin sprach mit der Klasse darüber, bereitete zielgerichtet Vokabeln vor, ermunterte die Jugendlichen mitzukommen. Alle waren gespannt.

Der Nachmittag verlief verwirrend. Die Delegation der DSF-Mitglieder wurde eilig durch den Kasernenhof, der genauso grau angestrichen war wie die das gesamte Gelände umgebende Ziegelmauer, in einen vorbereiteten Saal geschleust, in dem Kuchen und schwarzer Tee bereitstanden. Als alle da waren, betrat eine Gruppe Soldaten im Beisein eines Dolmetschers den Raum. Bevor es losging, verkündete dieser auf Deutsch die Verhaltensregeln. Die wichtigste lautete: Das Ansprechen der Soldaten ist verboten. Sollte es trotzdem vorkommen, wird die Veranstaltung abgebrochen. Also saß man schweigend zwei Stunden bei Gebäck an kleinen Tischen und lauschte dem vorbereiteten Kulturprogramm. Erst sprach ein Angehöriger der Kaserne, dann sagten einige Schüler Gedichte auf, sangen Lieder und hielten ebenfalls kleine Reden. Eine wie die andere Lobeshymnen auf die unverbrüchliche Deutsch-Sowjetische Freundschaft.

Ihr Russisch praktizierten die Schüler der neunten Klasse an diesem Mainachmittag in Neuruppin nicht mehr. Eine Lektion hatten sie trotzdem gelernt.

Anonyme Treffen für das Protokoll zwischen Vertretern der Sowjetarmee und der DDR-Bevölkerung waren nicht der einzige Schwindel in der großen Theaterinszenierung von der internationalen Solidarität und Völkerfreundschaft. Private Reisen in die Sowjetunion waren so gut wie unmöglich und erforderten stets eine persönliche Einladung, genaue Angaben von Gründen und Meldungen bei den lokalen Behörden. Entfernen vom Besuchsort, für den das Visum galt, gar freies Bewegen im Land oder wenigstens der entsprechenden Sowjetrepublik waren nicht erlaubt.

Pauschalreisen über das sowjetische Tourismusbüro Intourist konnten dagegen vergleichsweise leicht gebucht werden. Die Gäste waren in übersichtlichen Gruppen unter geschulter Leitung, selbstverständlich flankiert von IMs, wesentlich besser unter Kontrolle zu halten. Unbemerkt verschwinden konnte man allerhöchstens einen halben Tag lang. Das reichte für ein heimliches Kaffeetrinken und Abendessen mit eventuell vorhandenen Bekannten, aber mehr nicht. Das Reisen von Sowjetbürgern in die DDR gestaltete sich noch komplizierter.

Entsprechend findet sich im Buch *Briefe an Freunde*, dem offiziellen »Arbeitsmittel für den russischsprachigen Schülerbriefwechsel«, keine einzige noch so vage Vokabel zum Thema gegenseitige Einladungen oder Besuche. Dabei wurden Brieffreundschaften durchaus gefördert – solange sie tatsächlich nur auf dem Papier bestanden und reale Möglichkeiten eines persönlichen Kennenlernens ausgeschlossen waren. Viele DDR-Kinder korrespondierten mehr oder weniger intensiv mit sowjetischen Schülern. Kontakte wurden über so genannte Patenklassen oder regelmäßig veröffentlichte Adressen Schreibwilliger in Pionierzeitungen hergestellt. Bezweckt wurde damit von staatlicher Seite weder die tatsächliche Erweiterung der Sprachkenntnisse noch die Anbahnung privater Bekanntschaften. Auch hier sollten in erster Linie Protokollpunkte abgehakt werden.

Selbst den Inhalt der Schülerschreiben wollte man lenken. Unbefugte Mitteilungen waren schließlich nicht Sinn der Sache. In *Briefe an Freunde* steht im Kapitel »Hinweis für die Benutzung des Briefführers« unter dem Punkt »Zur Übersetzung ins Russische« aufschlussreich: »Wir empfehlen, so wenig wie möglich mit einem deutsch-russischen Wörterbuch oder -verzeichnis ins Russische zu übersetzen, es sei denn, ihr übernehmt, verändert bzw. ergänzt die in unserem Buch angeführten Satzmuster.« Mit anderen Worten, kein eigenmächtiges Erzählen. Das Zitat ist kein Ausschnitt aus dem Passus, es ist der komplette Inhalt des Absatzes.

Dafür wurden eine Menge Alternativen geboten. Unter Überschriften wie »Schulleben«, »Pionierleben«, »Industrie«, »Auszeichnungen«, »Parade« und »Besuch der nationalen Streitkräfte«, »polytechnischer Unterricht«, »Parteien und Massenorganisationen«, »Losungen« und so weiter sammelt sich ebenso kurioses wie sinnloses Vokabular. Mitten aus dem Alltag eines Teenagers etwa ist dieser Vorschlag der allgemeinen Rubrik »Lage und Aussehen des Wohnortes« gegriffen: »Im Zweiten Weltkrieg warfen anglo-amerikanische Bomber Hunderttausende von Bomben auf die Stadt. Tausende Häuser wurden zerstört.« Oder folgender Satz: »Die CDU in der DDR hat nichts mit der CDU in der Bundesrepublik gemein.« Erstaunlich an diesem Satz aus dem Kapitel »Berufe und gesellschaftliches Leben« ist gleich zweierlei. Erstens die Verwendung des Wortes Bundesrepublik im Gegensatz zum eigentlich bevorzugten Kürzel BRD und zweitens die Annahme, Schüler hätten das Bedürfnis, so eine Information in einem Brief an Freunde loszuwerden. Besonders gut gefiel mir dieser Briefabschnitt: »In unserem Ferienlager waren auch Kinder von Arbeitern aus der BRD. Sie kamen auf Einladung der Pionierorganisation. Wir sprachen mit ihnen über unsere sozialistische DDR. Sie sagten, dass sie sich in unserem Ferienlager sehr wohl fühlen.« Empfohlen wird danach die Aufforderung an den Briefpartner »Berichte mir über einen Tag im Lager!«. Das legt die Frage nah, ob Alexander Solschenizyn nicht vielleicht mit Schülern aus der DDR korrespondiert hat. *Iwan Denissowitsch* ist jedenfalls ungefähr genauso alt wie die erste Ausgabe der staatlich verordneten Briefvorgaben, in denen es natürlich auch unpolitische Sätze gibt. Etwa »Meine Mutter trug eine Pappnase« (aus »Feste und Bräuche, Silvester«) oder »Ich freue mich, dass ich gelernt habe, Strümpfe zu stopfen und Hosen zu flicken« (aus »Pionierleben«).

Ungefähr in diesem lebensnahen sprachlichen Rahmen bewegte sich auch die immerhin dreijährige Korrespondenz zweier junger Mädchen aus Potsdam und Uljanowsk. Die Ostdeutsche war die Cousine einer Freundin, die Uljanowskerin Tochter eines Offiziers, beste Schülerin der Patenklasse von der Wolga. Die beiden legten ihren Briefen regelmäßig Abziehbilder, Postkarten und Briefmarken bei. Alles wie geplant. Bis der Vater der kleinen Russin samt Familie nicht nur in die DDR, sondern auch noch tatsächlich nach Potsdam versetzt wurde – was ein so großer Zufall wiederum nicht war, denn hier gab es die größte Dichte an russischem Militär. Überhaupt war der ganze Bezirk Potsdam, mit einer Fläche von 12 568 Quadratkilometer der größte Bezirk der DDR, für die Russen strategisch wichtiges Gelände, denn er legte sich vom Süden bis weit in den Nordwesten Brandenburgs komplett um West-Berlin herum. Große Begeisterung auf Seiten der ahnungslosen Mädchen. Man würde sich kennenlernen. Wie schön.

Der letzte Brief, der in der DDR ankam, enthielt die neue Anschrift. Danach herrschte unvermittelt Funkstille von russischer Seite. Die deutsche Brieffreundin hielt das für ein Missverständnis. Vielleicht war die Anschrift falsch. Sie stieg auf ihr Fahrrad und fuhr kurzerhand zur genannten Adresse im Norden Potsdams. Sie ließ den Pfingstberg und die Kasernen in der Nedlitzer Straße hinter sich, durchquerte auf einer schmalen Durchfahrtsstraße ein Waldstück, das rechter Hand bis ans Ufer des Jungfernsees reichte, Armeegelände war und von einer hüfthohen Mauer begrenzt wurde. Als sie schon fast in Krampnitz war, führte seitlich ein Weg auf ein geschlossenes Metalltor zu, das mit dem fünfzackigen roten Stern verziert war. Hier wohnten hohe Offiziere mit ihren Familien. Hinter diesem Tor lag eine kleine, hübsche Siedlung von Zweifamilienhäusern und Gärten, in denen hohe Birken wuchsen. Fast wie in den sowjetischen Märchenfilmen. Auch dieses Gebiet war von der Straße ordentlich abgetrennt durch eine Mauer.

Es dauerte eine Weile, bis sie dem Wachhabenden am Tor des Wohnviertels klarmachen konnte, wen sie sprechen wollte. Als die unbekannte Freundin kam, fielen sich die beiden Mädchen aufrichtig erfreut in die Arme. Eine Unterhaltung kam leider nicht zustande, dafür reichte das Russisch der Deutschen nicht. Was sie aber im Gemurmel und der Gestik der Russin gut verstand, war, dass sie sich nicht mehr schreiben und sich auch nicht wieder sehen durften. Die Eltern hatten es verboten. Jetzt, wo man nebeneinander wohnte.

Die kleine Siedlung, in der das Mädchen damals zum ersten und letzten Mal ihre Brieffreundin sah, ist inzwischen verlassen. Nach der Wende war alles saniert worden, aber so leicht fanden sich keine neuen Mieter. Das Metalltor gibt es noch. Es steht heute offen. Den roten Stern hat jemand blau angemalt.

Auch das große Militärgebiet in der Nedlitzer Straße hat sein Gesicht seit der Wende verändert. Die so genannten Roten Kasernen, die aus dem neunzehnten Jahrhundert stammen und damals moderne Gebäudeanlagen waren, stehen heute unter Denkmalschutz. In ihnen befinden sich inzwischen private Wohnungen, ein Studenten- und ein Seniorenheim. Geschäfte sollen dazukommen. Chinesische Investoren haben zwei riesige ehemalige Kasernen gekauft und wollen dort das Großprojekt eines internationalen Handelszentrums ansiedeln. Es ist ziviles Leben eingekehrt auf der Nedlitzer Straße.

Nicht überall war nach dem Abzug der sowjetischen Besatzer die Neunutzung so unkompliziert. Ein nicht unerheblicher Teil der ehemaligen Armeeanlagen auf dem Gebiet der DDR ist von Altlasten verseucht. Keiner weiß genau, was dort über die Jahre in den Boden gekippt oder vergraben wurde. Deshalb stehen seit dem Abzug der Gruppe der sowjetischen Streitkräfte in Deutschland 1993 nicht nur unzählige Militärobjekte leer, sondern auch ganze Manövergebiete und Flugplätze liegen brach. Die Bundeswehr hat nur einiges davon übernommen. Ihr Aufgebot ist kleiner als das der Preußen und der Russen.

Aus Potsdam, der Hauptstadt des Militärs, ist die Armee inzwischen fast ganz verschwunden. Nur in Potsdam-Eiche nutzt dic Bundeswehr heute noch eine Anlage. Ein Bekannter, der in einer der Wohnungen in den umgebauten Nedlitzer Kasernen lebt (und sehr begeistert davon ist), erzählte mir, dass man Soldaten heute nur noch sieht, wenn sie kurz nach dem Antritt ihres Grundwehrdienstes als

Fahrschüler die Straße blockieren ... Was für ein schönes Bild.

Trotz des russischen Debakels habe ich später noch sechsmal versucht, eine Fremdsprache zu lernen. Von denen beherrsche ich zwar nicht alle gleich gut, drei nur rudimentär, aber alle deutlich besser als Russisch.

Damit konnte ich mich nie wirklich abfinden. Es geht nicht nur um die verschwendeten Jahre und das ganze nutzlose Wissen. Ich würde nach wie vor einfach gern Russisch sprechen und verstehen können, weil mir die Sprache gefällt.

Und es gibt Anlass zur Hoffnung. Vor einigen Jahren habe ich eine gleichaltrige Russin kennengelernt, die mit ihrer Familie schon seit zwanzig Jahren in New York City lebt. Wir sind inzwischen eng befreundet und sprechen Englisch miteinander. Seit ich Xenia häufiger sehe, passieren seltsame Dinge. Aus den Tiefen meiner Erinnerung tauchen plötzlich geheimnisvolle Vokabeln auf. Kürzlich fehlte mir im Gespräch der englische Begriff für »Gebiet«, und noch ehe ich zum Wörterbuch greifen konnte, hörte ich mich schon mit der größten Selbstverständlichkeit Область (*oblast*) sagen. Xenia nickte und redete weiter. Das gleiche wiederholte sich ein paar Tage später, als ich Kleiderschrank meinte, mir auf die Schnelle aber nur der Küchenschrank einfiel. »*You know, Xsjuscha, not a cupboard, more like a* шкаф (*schkaff*).« Auf diese Weise kamen nach und nach allerlei Wörter zum Vorschein, die ich für verloren gehalten hatte. Wurst, Hund, Flugzeug, Messer, Schwimmhalle. Selbst der »Vorsitzende« hatte einen hilfreichen Auftritt, als wir über Rassekatzenvereine sprachen.

Die unkontrollierbare Vokabelausschüttung verwirrt mich jedes Mal, obwohl es eigentlich erfreulich ist, dass mein Russisch tatsächlich irgendwo in den Winkeln meines Sprachzentrums schläft und noch nicht ganz verloren ist. Xenia macht sich darüber lustig und sagt, ich wäre eine tickende Vokabel-Bombe. Sie müsse nur gezündet werden.

Wir werden sehen. Ich bin jedenfalls fest entschlossen, das zu testen und einen Auffrischungssprachkurs in Russland zu machen. Bis sich wieder eine der im Leben so seltenen Gelegenheiten ergibt, wo Geld und Zeit gleichzeitig vorhanden sind, muss es aber bei Plänen bleiben und mein Schulrussisch weiter vor sich hindämmern. Wie man merkt, scheint ihm das nicht ernstlich zu schaden.

Bezirk Frankfurt (Oder):
TEEWURSTSTULLE IN MOCCA FIX

Es ist nicht lange her, da saß ich bei Freunden und zappte mich durch das Vorabendprogramm. Ich besitze seit Jahren keinen Fernseher, und entsprechend fasziniert reagierte ich auf die Invasion der Kochshows. Auf allen Kanälen brutzelte, buk, briet, brodelte und schmorte es. Die Republik im Kochwahn. Wir sahen schließlich eine Sendung, in der sich Menschen unter erheblichen Schwierigkeiten bemühten, Menüs zusammenzustellen. Töpfe kippten um, Pasta verkochte, Saucen brannten an. Einer setzte beinahe den Nachtisch in Flammen. »Was habt ihr eigentlich in der DDR so gegessen?«, wandte sich einer der Freunde interessiert an mich. »Stullen«, antwortete ich, ohne zu zögern.

Das war kein Scherz. Stullen, Schnitten, Bemmen in allen Darreichungsformen, aber vor allem als Tee- oder Leberwurstbrot werden immer meine wichtigste Erinnerung an die Ernährung in der DDR sein. Dabei ist mir natürlich bewusst, dass man auch im Westen Brotscheiben beschmierte, sie halbierte, zusammenklappte und Kindern in die Hand drückte. Selbstverständlich hat sich das klassische Abendbrot bis vor wenigen Jahren auch jenseits der Elbe mehrheitlich aus kaltem Aufschnitt, Butter und Mischbrot zusammengesetzt. Ich weiß, dass die gemeine Stulle nicht typisch ostdeutsch, sondern einfach typisch deutsch ist.

Trotzdem.

Stullen waren das eigentliche Grundnahrungsmittel in der DDR. Man aß sie zum Frühstück, in Pausen, zum Abendessen. Bei meinen Großmüttern, der schlesischen genau wie bei der sächsischen, wurde sogar zum Kaffee belegtes Brot gereicht. Was Marcel Proust seine Madeleines, sind mir Teewurstschnitten, in süßen Mocca Fix getaucht.

»Basilikum haut Jungfern um«, kalauerte 1985 die halbe Reisegruppe grinsend, als meine Oma mich das unbekannte Kraut während eines Urlaub in Armenien kosten ließ und ich angewidert das Gesicht verzog. Es schmeckte wie nichts, was ich kannte, und war mir deshalb natürlich suspekt.

Exotische Gewürze war ich nicht gewöhnt. Die Gerichte meiner Kindheit waren einfacher, meist deutscher Herkunft. Der überwiegende Teil dessen, was in der DDR gewöhnlich verzehrt wurde, hätte direkt Uromas Rezeptsammlung entsprungen sein können. Denn auch wenn in letzter Zeit in manchen Kochbüchern etwas anderes behaupten wird: Es gab keine eigenständige DDR-Küche. Viel mehr als Jägerschnitzel (panierte Jagdwurstscheiben) und Würzfleisch (eine vereinfachte Ragout-fin-Variante) hat der Osten rezepttechnisch nicht mit in die Wiedervereinigung gebracht. Ketwurst und Grilletta waren billige Fastfood-Plagiate, keine Innovationen.

Wir aßen sehr althergebracht in unserer kleinen Diktatur, einheimisch eben – und wir haben diese Tradition umständehalber länger konserviert als der mangelfreie Westen mit seinen kulinarischen Außeneinflüssen.

Das Modell »morgens Stullen, abends Stullen und zwischendurch ein Fleischgericht« hatte aber weder mit der historischen Mission der Arbeiterklasse noch mit der notorischen Unterversorgung der Bevölkerung zu tun. Es war einfach nur klassisch deutsch. Täglich, pünktlich zwischen zwölf und eins, nahm man zu Hause, in Schulen und Betrieben typische Gerichte zu sich: Klopse, Kotelett, Kassler (Erich Honeckers Lieblingsessen), Blutwurst mit Sauerkraut, Schnitzel, Strammer Max, Schweinebraten, Sülze, Frikassee, gefüllte Paprikaschoten, Hülsenfrüchte, Kohlrouladen, Bouletten, eingelegter Hering, Hühnerklein, Hefeklöße, Linseneintopf, Quarkkeulchen, Eierkuchen, Rosenkohl, Blumenkohl, Grünkohl, Weißkohl, Rotkohl, Wirsingkohl, Eier, Eintöpfe, Würstchen. Dazu wurden Kartoffeln, Nudeln und Reis gereicht, Rohkost und Gemüse. Alles schön saisonal. Freitags gab es Fisch, Weihnachten Gans und Silvester Karpfen blau. Extravaganzen waren selten. Das Ausgefallenste, an das ich mich erinnern kann, war Käse mit Marmelade oder Harzer Roller mit Senf und Apfelscheiben. Beides als Brotbelag versteht sich. Da isse wieder, die Stulle.

Die Kreativität der DDR-Küche bestand nicht so sehr im Er-Finden neuer Gerichte, sondern eher im Zutaten-Finden für bekannte Gerichte. Eine Leistung, die nicht unterschätzt werden sollte. Meine Großmutter, die Schnitzel mit Blumenkohl und Salzkartoffeln liebte, klagte stets darüber, dass es in Stralsund nie Schnitzel und Blumenkohl gleichzeitig gebe. Und wenn das durch ein Wunder doch einmal geschah, befand sich das Land garantiert gerade in einem Kartoffel-Engpass, und sie musste Schnitzel mit Blumenkohl und Nudeln essen. Das war eindeutig nicht dasselbe.

Meine Oma hatte Glück, dass ihre Kinder in der Hauptstadt lebten, so brauchte sie ihr Dasein nicht ganz ohne ihr

Lieblingsessen zu fristen. An der Spree sah die Versorgungslage nämlich deutlich besser aus. Üppig war sie zwar auch nicht, doch im Verhältnis zu den leergefegten Lebensmittelgeschäften im Rest der Republik waren die Berliner Kaufhallen gutbestückt. Das wenige frische Obst und Gemüse, das man überhaupt im Osten kaufen konnte, war dort zu bekommen. Mehr schlecht als recht. Natürlich musste man auch in Berlin in langen Schlangen anstehen und war auf Bückware vom Gemüsehändler seines Vertrauens angewiesen.

Alles, was wie Kartoffeln, Äpfel und Kohl nicht über einen längen Zeitraum einzulagern war, gab es nur innerhalb der jeweiligen kurzen Erntezeit. Ohne Ausnahme. Jedes Jahr, wenn meine Mutter mit den ersten Tomaten des Sommers nach Hause kam, war das ein kleines Fest. Ich wurde auf der Stelle losgeschickt, um frisches Weißbrot zu holen. Wir schnitten es grob, bestrichen es dick mit Butter und belegten das Ganze mit den kostbaren roten Tomatenscheiben. Obendrauf feine Zwiebelringe, Salz und Pfeffer. Es war ein Hochgenuss, den wir in der Familie andächtig zelebrierten. Noch heute bin ich darauf versessen. Die Tomatenstulle hat in meinem Speiseplan die Wende überlebt.

Bei Obst war die Situation noch dramatischer. Wer keine Kontakte zu einem Gartenbesitzer hatte, musste sehen, wo er Früchte herbekam. Ich werde nie vergessen, wie ein Westbesucher zur Jugendweihe einer Freundin drei Kilo frische Erdbeeren mitbrachte. Sie wurden in eine große Schüssel getan und auf den Tisch gestellt. Alle waren so tief beeindruckt, dass sich niemand traute, davon zu essen. Natürlich bestaunten wir nicht die Erdbeeren an sich. Das Unfassbare bestand darin, dass erst März war.

Wenn ich Westdeutschen später vom streng saisonalen Ernährungsrhythmus in der DDR erzählte, musste ich mir jedes Mal anhören, wie ökologisch und viel besser das doch im Grunde sei. Obwohl ich die vielfältigen Probleme globalen Warenimports durchaus verstanden habe, versuche ich an diesem Punkt des Gesprächs immer vorsichtig darauf hinzuweisen, in welchen Breitengraden wir leben. Ich glaube, die meisten Wohlstandskinder machen sich da landwirtschaftliche Illusionen. Sauerkraut und Rüben gelten nicht umsonst als deutsche Nationalgerichte.

Der ökologische Aspekt der Nahrung ist ein Luxusproblem, das sich im Osten nicht stellte. Lediglich Hühnereier besorgte man beim Bauern, wenn sich Gelegenheit dazu bot, denn vom Kombinat für industrielle Mast, deren sich gleich zwei im damaligen Bezirk Frankfurt (Oder) befanden, hörte man nichts Gutes. KIM-Eier waren berüchtigt.

Der kleine Ort Grünheide liegt in der Mark Brandenburg, die damals ebenfalls zu Frankfurt (Oder) gehörte. Bevor wir nach Berlin zogen, lebte meine Mutter mit mir einige Jahre lang dort. In unserem Ortsteil befanden sich genau ein Bäcker, ein Fleischer, ein Gemüsehändler, ein winziger Konsum und eine Drogerie. Wenn es Ware gab, sprach sich das in Windeseile herum.

Eigentlich bekam die kollektive Landwirtschaft die Bevölkerungsversorgung der DDR nie richtig in den Griff. Deshalb subventionierte der Staat kurzerhand Kleingärtner und kaufte deren private Ernteerträge für den Einzelhandel auf. Auch wenn im Schulgartenunterricht auf Unkrautjäten und Käfersammeln von Hand gesetzt wurde, heißt das nicht, dass die Laubenpieper sich dessen zwingend besannen. Wie genau sie ihre Beete insektenfrei hielten oder ob sie die Böden mit Monokulturen drangsalierten, ist nicht überliefert und spielte weder für Behörden noch Kunden irgendeine Rolle.

Doch das Desinteresse an ökologischen Fragen war nicht ganz flächendeckend. Mitten im Bezirk Frankfurt (Oder) lag versteckt in einem Kiefernforst der älteste Biobauernhof Deutschlands – und wurde bewirtschaftet.

Wie das tapfere gallische Dorf des Asterix seine Unabhängigkeit, so verteidigte Marienhöhe, einst Vorwerk des Ritterguts von Bad Saarow, schon seit 1928 tapfer die biologisch-dynamische Anbauweise. Mit Zugeständnissen an den jeweiligen Herrscher überlebte der Hof sowohl das Dritte Reich also auch vierzig Jahre DDR. Der drohenden Enteignung im Zuge der Bodenreform entging das Anwesen nur durch Verkleinerung seiner Ackerflächen auf das vorgegebene Mindestmaß und den zumindest in dieser Hinsicht glücklichen Umstand einer komplizierten Rechtslage. Juristisch gesehen waren die Bauern nur Pächter, das Land selbst gehörte einem Schweizer. Heute ist die Hofgemeinschaft ein Verein.

Trotz umzingelnder LPG-Massenwirtschaft konnten die Bio-Enthusiasten ihre Fruchtfolgen auf dem kargen märkischen Sand selbst bestimmen und das Vieh auf eigene Weise halten. So fanden von Marienhöhe aus jedes Jahr tonnenweise ökologische Produkte, ungespritzte Kräuter und glückliche Schnittblumen den Weg in den staatlichen Einzelhandel. Es ist deshalb durchaus möglich, dass uns in Grünheide, das im selben Landkreis wie Bad Saarow lag, gelegentlich undeklariertes Biogemüse untergekommen ist. Wer hätte das gedacht.

Marienhöhe bietet inzwischen regelmäßig Hofbesichtigungen an. Der Spätsommernachmittag, an dem ich an einer solchen teilnahm, wurde zu einem Schlammdesaster. Schauer waren zwar angesagt, weswegen ich sicherheitshalber eine wetterfeste Jacke einpackte, bevor ich mich auf den Weg an den Scharmützelsee machte, aber dass der Tag von derart heftigen Regengüssen bestimmt sein würde, davon war im Radio keine Rede gewesen. Ich hatte, als ich in Marienhöhe ankam, eigentlich kaum noch damit gerechnet, dass die Führung über die Ländereien überhaupt stattfinden würde. Aber als ich meinen Wagen parkte, stand ein mittelgroßes Trüppchen Tapferer im Regen und wartete. Alle mit Regenjacken und Gummistiefeln. Gummistiefel! Passendes Schuhwerk zum Regencape mitzubringen war mir als Großstadtmensch gar nicht eingefallen. Ich besaß nicht mal so etwas Ähnliches wie Gummistiefel. Wozu auch – in Berlin kommt Wasser nur von oben, nie von unten. Doch wie sich bald zeigen sollte, ist ein Bauernhof, was außer mir jeder weiß, kein Stadtpark mit sorgfältig asphaltierten Wegen ... Der Landwirt, der uns im Regen herumführte, sprach gelassen über Stickstoff, Bakterien und Fruchtfolgen, über die Nachbarschaft von Genmais und die Auswirkungen auf die eigene Ernte. Er zeigte uns die unterschiedliche Beschaffenheit der Böden und wie man damit umging. Leider hatten sich die Ränder der Äcker und die Wege selbst inzwischen in Matsch verwandelt. Wir wateten mehr, als dass wir gingen. Nach zwanzig Minuten waren meine Schuhe bereits komplett durchgeweicht, und auch die Luft hatte sich mittlerweile merklich abgekühlt. Ich begann zu frieren. Der freundliche Bauer bot uns mehrfach an, die Führung wegen des schlechten Wetters zu unterbrechen, aber die anderen verneinten. Das sei nicht nötig. Ich war offenbar die einzige Doofe aus der Stadt, die fror.

Als ich knapp zwei Stunden später, bereichert um einiges Wissen, mit dem ich auf dem Biomarkt würde glänzen können, und nach einer kurzen Wärmepause im Kuh- und Schweinestall, wieder zitternd um Haltung bemüht im strömenden Regen auf den Streuobstwiesen stand, sah ich auf die Rundgangsteilnehmern neben mir. Sie stellten noch immer interessiert Fachfragen zur ökologischen Landwirtschaft und schienen sich vom Wetter nicht beeindrucken zu lassen. Es versöhnte mich mit dem verregneten Besuch auf Marienhöhe, meinen nassen Füßen und der kommenden Erkältung, die ich schon im Rachen spürte. Ich fand, dass die Umstände und meine unverwüstlichen Mitbesucher durchaus zu dieser merkwürdigen kleinen Bio-Insel im märkischen Forst passten. Allen Widrigkeiten zum Trotz hat Marienhöhe seit achtzig Jahren durchgehalten. Aus Leidenschaft zu Land und Tier. Was macht da schon ein Regenschauer.

Als ich wieder im Auto saß, drehte ich die Heizung auf und begann zu niesen. Die nächsten Tage verbrachte ich im Bett. Nachdem ich genesen war, ging ich sofort in ein Kaufhaus und kaufte mir ein Paar Gummistiefel.

Marienhöhe ist heute natürlich längst einer unter vielen Biobauernhöfen der Gegend. Insgesamt werden inzwischen knapp zehn Prozent der Fläche des Landes Brandenburg, in dem der Bezirk Frankfurt (Oder) 1990 aufgegangen ist, ökologisch bewirtschaftet. Damit liegt es im Bundesvergleich an erster Stelle. Das hat vermutlich eher mit der Nähe zur Hauptstadt als den Bedürfnissen der Brandenburger zu tun.

Kauf und Verzehr von ökologisch angebauten Produkten war in den ersten Jahren nach der Wende für Ossis wie Wessis noch stark mit dem Latzhosenklischee verbunden. Das hat sich radikal geändert. Bioprodukte haben staatliche Gütesiegel, und selbst Discountmärkte führen mittlerweile hauseigene Reihen mit Naturkost. Die Welle rollt und rollt. Zumal sich viele Bauern mittlerweile darum verdient gemacht haben, den deutschen Kohl- und Wurzelwinter wenigstens ab und zu durch ein paar exotische Knollen oder uralte, kaum noch bekannte Gemüsesorten zu bereichern.

Wie in der DDR, wurde auch in der BRD nach alter Tradition gegessen. Lasagne und Gyros gab es dort zwar eher als im Osten, aber in den Küchen der deutschen Mütter tauchten sie bis vor einigen Jahren nur in Ausnahmen zwischen Hausmannskost und geschmierten Brotscheiben auf.

Ausufernde Abendessen, fröhliche Tafelrunden bis in den Morgen mit Trüffelöl auf Carpaccio und thailändischen Hühnercurrys sind für den Westen genauso neu wie für den Osten. Am Rhein wie auf Rügen hieß Rucola 1990 noch Rauke und war Unkraut. Hier wie dort trank man nicht literweise Wasser, verkochte kein Olivenöl und hätte bei Sambal Olek nicht auf Anhieb sagen können, ob es sich dabei um eine kenianische Brustsalbe oder doch eher um eine Tröpfcheninfektion handelte.

Heute ist das Monopol der deutschen Küche in den alten wie den neuen Bundesländern gebrochen. Schweinebraten und Blutwurst sind zunehmend Folklore, und junge Leute tolerieren sie, wenn überhaupt, nur noch an Festtagen oder in der ländlichen Gastronomie. Im Alltag ernährt sich die nachgewachsene Generation stattdessen lieber leicht und mediterran. Oder asiatisch. Oder makrobiotisch. Oder alles zusammen. So verschieden wir sind, so sehr die lange Teilung des Landes uns kulturell voneinander entfernt hat, beim Essen waren wir nie wirklich entzweit.

Die ganze neue Kocherei, nicht nur im Restaurant, sondern vor allem am eigenen Herd, der fortschreitende Biokonsum, stundenlange Essgelage im Kreise anderer – das ist für Ost und West ein Segen. Wir haben uns gemeinsam von kaltem Aufschnitt, Butter und Mischbrot entfernt und sind angekommen in der internationalen Küche. Ich finde diesen Umstand sehr versöhnlich. Es gibt viel, das uns verbindet.

Bezirk Magdeburg:
SCHATTEN

In den letzten Jahren werde ich, gerade bei beruflichen Aufenthalten im Ausland, häufig danach gefragt, worin ich die Ursache für den starken Rechtsradikalismus in den neuen Ländern sehe. Das bringt mich immer in Verlegenheit. Einerseits fühle ich eine ernsthafte Verantwortung, auf diese Frage zu reagieren, andererseits würde ich es gerne vermeiden, weil ich keine Antwort darauf habe.

Wie sollte ich auch. Seit Jahren scheitern ganze Heerscharen von Historikern, Psychologen, Politikern, Journalisten, Therapeuten und Sozialarbeitern daran. Sie sind Profis auf diesem Gebiet. Ich bin eine Geschichtenerzählerin mit einem Magister in romanischer Philologie und kenne Rechtsradikale nur aus den Medien.

Ein einziges Mal habe ich einen ihrer Aufmärsche, eine NPD-Demonstration, mit eigenen Augen gesehen. Von weitem. In Magdeburg, Ende Februar 1999. Im Funkhaus Magdeburg bin ich dem Kriminologen Christian Pfeiffer begegnet, der damals, im Frühjahr 1999, gerade mitten in einer erbittert geführten, öffentlichen Diskussion um ein Interview steckte, das er der *Magdeburger Volksstimme* gegeben und in dem er zum Thema Rechtsradikalismus Stellung genommen hatte. Seine Argumentation stützte er auf die gesicherten Daten, dass in den neuen Bundesländern etwa fünfmal so viele Überfälle auf Ausländer stattfinden wie in den alten und dass diese Gewalttaten wiederum in doppelt so vielen Fällen wie im Westen aus Gruppen heraus begangen werden. Außerdem ist der überwiegende Großteil der Straftäter nicht, wie allgemein vermutet, arbeitslos oder von unmittelbarer Armut betroffen. Auch hier sprechen die Statistiken eine andere Sprache. Solche Fakten erfordern zwangsläufig ein Nachdenken über das spezifisch Ostdeutsche in der Sozialisierung dieser Täter. Man versteht die Gegenwart nur, wenn man sie zusammen mit der Vergangenheit betrachtet.

Christian Pfeiffers Thesen kann man verkürzt so zusammenfassen: Als Folge der rigiden, autoritären Erziehung durch den Staat, der von der Krippe bis zur Ausbildung die ideologische Entwicklung seiner Landeskinder dominierte, zusammen mit dem verordneten Kollektivdasein und hohem Anpassungsdruck, hätten Ostjugendliche tendenziell ein deutlich schwächeres Ich und seien in der Folge Fremdem gegenüber wesentlich verunsicherter als gleichaltrige Westdeutsche und entsprechend empfänglicher für Ausländerfeindlichkeit und neofaschistisches Gedankengut. Von Anfang an sei in den staatlichen Erziehungseinrichtungen auf die Bedürfnisse der Kinder nur wenig eingegangen worden, stattdessen habe man sie zum Mitlaufen und Funktionieren gezwungen, für persönliche Entfaltung sei kaum Platz gewesen. Schon bei den Kleinsten seien die Tagesabläufe starren Regeln gefolgt. Nach einem Beispiel gefragt, nannte Pfeiffer das planmäßige Sauberwerden von DDR-Kleinkindern im Alter von einem Jahr, damit sie dann in den Krippen ordentlich in Reih und Glied aufs Töpfchen gesetzt werden konnten.

Ganz ehrlich, ich hätte mich gerne über diesen Töpfchen-Terror lustig gemacht. Es bietet sich ja geradezu an. Aber ich fürchte, Christian Pfeiffer hat recht. Was er beschreibt, ist genau der Staat, in dem ich aufwuchs. Natürlich weiß ich nicht mehr, wann ich aufhörte, Windeln zu tragen, aber dass Ordnung, Disziplin und Gleichschritt höchste Priorität hatten, das ist mir noch sehr gegenwärtig. Ich erinnere mich im Kindergarten daran und noch mehr in der Schule, wo das in Form der so genannten Kopfnoten bereits aktenkundig wurde. Bis zur letzten Klassenstufe, also noch an Sechzehnjährige, wurden jeden Monat Zensuren für Betragen, Mitarbeit, Ordnung und Fleiß vergeben. Wer in den Kopfnoten schlecht abschnitt, war versetzungsgefährdet. Das war programmatisch. Eingliederung vor Leistung.

Allein wäre ich vielleicht nicht auf die Idee gekommen, die militärische Disziplin in den Institutionen meiner Kindheit mit dem virulenten Rechtsradikalismus in den neuen Ländern in Verbindung zu bringen, aber ich finde, es klingt plausibel. Auch wenn ich nicht alle Ansichten Christian Pfeiffers teile – etwa bin ich, was den Vorzug des empfohlenen Muttermodells »Westdeutsche Hausfrau« zur Prävention späterer unsteuerbarer Aggressionen angeht, durchaus gegensätzlicher Meinung (und das französische Ganztagsschulensystem oder die übliche skandinavische Vollbeschäftigung von Müttern geben mir da recht) –, aber im Kern stimme ich ihm zu.

Damit gehörte ich zu einer sehr kleinen Gruppe in der Magdeburger Öffentlichkeit. Eine Welle der Entrüstung überrollte im Frühjahr 1999 das Land und ganz vorneweg den Ort des Verbrechens: Sachsen-Anhalt. Die Kritik am Kindergartensystem kam dem Einbruch ins Allerheiligste der schön gepflegten Erinnerungen gleich und provozierte völlig abwegige Gegenargumente: Das könnte nicht sein, man hätte in der DDR überhaupt nie etwas von Ausländerfeindlichkeit gehört, zum Beispiel. Was eine glatte Lüge ist.

Der Vater einer Freundin, der in den siebziger Jahren wegen seiner gescheiterten Flucht einige Jahre in Bautzen inhaftiert war, erzählte, dass gerade kleinkriminelle Mithäftlinge sich dort häufig zu Rechtsradikalen entwickelten. Das ging auf eine ebenso einfache wie gefährliche Rechnung zurück: Hass auf die DDR – DDR propagiert Antifaschismus – Faschismus muss besser sein.

Spätestens seit Anfang der achtziger Jahre galt es vor allem in den SED-Hochburgen als schick unter den Jugendlichen, ein Skinhead zu sein. Als ich ein Teenager war, wurde die Jugendkultur bereits durch die selbstverständliche Präsenz von Glatzen in Bomberjacken bestimmt. Nach dem Überfall auf die Berliner Zionskirche 1987 und dem halböffentlichen Protest gegen die absurd niedrigen Verurteilungen der rechtsradikalen Täter wegen »Rowdytums« konnte auch die DDR-Regierung dieses Problem nicht länger ignorieren.

Für das Erstarken rechten Gedankenguts bei Jugendlichen in der DDR lagen schon damals mindestens zwei Gründe auf der Hand. Einerseits wollten die Funktionärskinder ganz sicher ihre linientreuen Väter mit den alten Parolen schocken. Und andererseits hatte die Auseinandersetzung mit dem Dritten Reich in der DDR einen sehr eigentümlichen Tenor. Der Nationalsozialismus und seine Verbrechen wurden zwar immer und immer wieder in der Schule durchgenommen und vorgeführt, aber es blieb ein hohles Nachbeten. Die Verbrechen der Nazizeit wurden in keinerlei persönlichen Zusammenhang zu den Bürgern der DDR gebracht. Als sei dies alles hundert Jahren her. Die erste Generation entstammte aber genau wie die Westdeutschen natürlich eben jener Zeit. Diese historische Zwangsläufigkeit wurde geleugnet. Stattdessen wurden im Osten alle per System-Amnestie zu Erben von Widerstandskämpfern erklärt – kommunistischen natürlich. Die Täter von damals saßen ausnahmslos in Westdeutschland. Das Dogma des »ersten antifaschistischen Staats auf deutschem Boden« wurde nicht in Frage gestellt. Was die erste DDR-Regierung betraf, stimmte das auch. Doch die Menschen waren dieselben geblieben. So hat es in den meisten Familien, Stadt- und Dorfgemeinschaften niemals eine direkte Aufarbeitung der eigenen Geschichte gegeben. Schon die Generation meiner Eltern wuchs in der beruhigenden Gewissheit auf, dass andere an allem schuld waren. Offensichtlich ist diese Haltung bei manchen bis heute vorherrschend.

In der DDR war alles darauf ausgerichtet, nicht Individuen heranwachsen zu lassen, sondern jedes Kind möglichst schnell dem Einheitsbrei einzuverleiben. Nicht der Einzelne zählte, nur das Kollektiv. Ihm hatte man sich unterzuordnen zum Wohle der Allgemeinheit. Manche Kinder dieser Osterziehung, heute die großen Brüder des aktuellen Nazi-Nachwuchses, haben nie gelernt, ohne schützende Gruppe stark zu sein und sich als Einzelperson zu beweisen.

Im Osten wurden weder die Gesellschaft noch ihre Probleme öffentlich diskutiert. Was ohne Ausnahme galt, war die vorgegebene Richtlinie der Partei. Wer Unsicherheiten hatte, konnte sich vertrauensvoll an den Parteisekretär wenden oder nachlesen, was er zu denken hatte. In der realsozialistischen Gesellschaft verlor sich das Individuum, verantwortlich waren immer andere – und am Ende meistens keiner. Sicher sind manche nach der Wende mit den Leerstellen nicht klar gekommen, die das Wegfallen der Ansagen hinterlassen musste. Kommandos zu folgen ist viel einfacher, als mit Liberalität umzugehen.

Christian Pfeiffer, der übrigens in Frankfurt an der Oder geboren wurde und bis 1952 dort gelebt hat, ist weder der Erste noch der Einzige, der den evidenten Zusammenhang zwischen autoritärer Erziehung zum eingegliederten Untertan und latenter Fremdenfeindlichkeit beschrieben hat, aber über ihn hat sich die Wut der Verletzung in ganzer Wucht ausgekippt.

Nachdem die *Magdeburger Volksstimme* innerhalb weniger Tage von mehr als 7500 empörten Anrufern bestürmt wurde (diejenigen, die Pfeiffer oder wenigstens sein Büro erreichten, nicht mitgezählt), organisierte die Zeitung für ihre Leser eine persönliche Konfrontation mit dem Unruhestifter in der Paulus-Kirche in Magdeburg, die »Streitgespräch« genannt wurde.

Und alle kamen sie. An dem besagten Abend Mitte März füllten weit über tausend, meistenteils äußerst aufgebrachte Menschen die Kirche. Man konnte das aggressive Bedürfnis, hier nicht zu diskutieren, sondern seine Meinung zu sagen – und zwar dem arroganten Herrn Professor aus dem Westen – deutlich spüren.

So sah die »Debatte« dann auch aus. Bis auf einige Ausnahmen im Publikum und Christian Pfeiffers unbeirrte Versuche, sich zu erklären, entlud sich auf der Veranstaltung in erster Linie der Volkszorn. Von Provokation und Populismus war die Rede, von der Unerträglichkeit westdeutscher Belehrung, von Unsachlichkeit, Pioniernachmittagen, in denen Gemeinschaft vermittelt wurde, davon, dass die Einordnung in die Gruppe die Entwicklung des Ichs gestärkt und die Selbstsicherheit gefördert hätte. Normen im Zusammenleben kamen zur Sprache und natürlich die Erfüllung gemeinsamer Pflichten, die ein Verantwortungsbewusstsein für die Gesellschaft stärken. »Wir wurden in der DDR zu internationaler Solidarität,

Frieden und Völkerfreundschaft erzogen!«, hieß es immer wieder.

Über der verbitterten Verteidigung ihrer Jugend zwischen FDJ und den Jungen Pionieren war den empörten Magdeburgern eines entgangen: Sie waren gar nicht gemeint. Christian Pfeiffer sprach von Straftätern. Es ging nie darum, die Ostdeutschen zu diffamieren, sondern die Ursache für ein ernstes Problem zu finden, dass sich nicht bestreiten lässt und dem mit Phrasen aus dem Fundus der SED nicht beizukommen ist. In der Kriminologie gibt es folgende Logik nicht: Wenn a aus b, dann b auch stets aus a. Wer sich aus dem Impuls eigener Unsicherheit heraus den Nazis von nebenan anschließt, reagiert ganz sicher auch deshalb so, weil er in Kindheit und Jugend im kollektiven Disziplinierungsdrill des Ostens auf Stärke in der Gruppe genormt wurde. Aber das heißt natürlich nicht, dass alle Kinder, die in der DDR das Betreuungs- und Schulsystem durchlaufen haben, zu brutalen rechten Schlägern werden. Es ist vollkommen absurd, Christian Pfeiffers Thesen so auszulegen. Die Wirklichkeit beweist ja täglich das Gegenteil. In zweierlei Hinsicht. Erstens sind Rechtsradikale in den fünf neuen Ländern eine zwar erschreckende und viel zu große, aber doch nach wie vor deutlich eine Minderheit, was bedeutet, dass der überwiegende Teil der Ostkinder den Töpfchenterror unbeschadet überstanden hat. Und zweitens haben NPD, Wiking-Jugend und Co. im Westen bekanntlich leider auch keine Probleme mit der Rekrutierung von Nachwuchs.

Ich habe in einem kurzen Text über Katzen in der Literatur einmal darauf verwiesen, dass Art Spiegelman die Protagonisten in seinem pulitzerpreisgekrönten Holocaust-Comic *Maus* interessanterweise gegen die übliche Tiermetaphorik besetzt: die Juden sind Mäuse und die deutschen Nationalsozialisten Katzen. Katzen – nicht Hunde, obwohl der deutsche Schäferhund ja mehr als nahegelegen hätte.

Dass in *Maus* ausgerechnet das undressierbarste aller Tiere Deportationen vornimmt, KZs bewacht und in Formation marschiert, birgt eine Symbolik, die über Art Spiegelmans eigentliche Beweggründe für diesen Kunstgriff noch hinausgeht: Der Autor, selbst Sohn zweier Auschwitz-Überlebender, bediente sich eines Bildes aus der nationalsozialistischen Propaganda, in der Juden häufig mit Ratten oder Mäusen verglichen wurden. Der natürliche Feind dieser Kleinnager ist eben die Katze.

Katzen gelten als besonders grausam, weil sie ihr Opfer im Spieltrieb erst quälen, bevor sie es töten. Dieser Umstand stützt zwar metaphorisch den Ausrottungswahn des Dritten Reichs, wesentlich wichtiger aber erscheint mir ein anderer Punkt. Katzen sind niemandes Untertan. Man kann sie nicht wie Hunde abrichten. Sie sind unbestechlich, unergründlich, unberechenbar. Was sie auch tun, es bleibt ausschließlich ihre Entscheidung. Wenn Art Spiegelman die Nazis hätte Hunde sein lassen, ihrem ureigensten Wesen nach hörige Rudeltiere, dann hätte er die deutschen Täter sinnbildlich entlastet von ihrer Verantwortung. Schwanzwedelnde Befehlsempfänger, die nur brav ausgeführt haben, was Herrchen wollte. Hitlers Helfer wären in der Tierallegorie zu dem geworden, als das sie sich selbst hinterher gern darstellten: fehlgeleitete Mitmacher ohne Schuld. Dass sie Katzen sind, etabliert sie jedoch deutlich als unabhängige Träger eigener, bewusster Entscheidungen.

Niemand wird in diesem Land – Ost wie West – gezwungen, andere Menschen zu hassen, zu verprügeln, ihnen ins

Gesicht zu treten, sie zu Tode zu hetzen oder dabei zuzuschauen. Neonazis und ihre Sympathisanten sind keine Opfer. Sie hatten, wie alle Gewalttäter, irgendwann die Möglichkeit, sich dafür oder dagegen zu entscheiden.

Bezirk Cottbus: *SPREEWALDMÄRCHEN*

Auf einer meiner Lieblingspostkarten sieht man vor einem eingerüsteten Haus einen Bauzaun, an dem ein Schild hängt mit der Aufschrift: »Es ist nie zu spät für eine schöne Vergangenheit.« Daran musste ich sofort denken, als mich der Leserbrief eines offenbar sehr aufgebrachten Menschen erreichte, der auf einen Text referierte, den ich zum Thema Essgewohnheiten veröffentlicht hatte. Natürlich ging es darin auch um die DDR – immerhin wurde ich genau die Hälfte meines bisherigen Lebens dort ernährt.

Nach allerlei absurden Beschimpfungen gipfelte die Raserei in dem Vorwurf, dass ich meine Ahnungslosigkeit der DDR gegenüber schon damit kund tue, dass ich von »Königsberger Klopsen« schriebe. Dabei habe doch jeder gewusst, dass man in der DDR dazu »Kaliningrader Klopse« sagte.

Kaliningrader Klopse? Nie gehört.

Ich bin bereit einzulenken, dass in den Kantinen der SED-Kreisleitungen möglicherweise Kaliningrader Klopse angeboten wurden – aber wer auch nur halbwegs bei Verstand war, nannte sein Essen in der DDR beim Namen. Ostpreußen hin oder her. Man kaufte ja auch Tilsiter Käse und keinen Sowjetsker. Wenn überhaupt, war auf offiziellen Speisekarten und in Rezepten von *Kochklopsen* die Rede.

Was sich bei dem wütenden Leser entladen hat, war Unmut ganz anderer Natur.

Seitdem vor ein paar Jahren die so genannte Ostalgiewelle unser Land einschließlich seiner medialen Repräsentanzen geflutet hat, ist kein Halten mehr. Auch wenn bis heute nicht klar ist, was sich hinter dem griffigen Schlagwort eigentlich genau verstecken soll. Zwischen staatsbürgerlicher Wehmut, Geschäftssinn und bizarren Selbstbehauptungsversuchen scheint da Platz für alles zu sein.

Fest steht jedenfalls, dass das Auftauchen von Ost-Shows auf dem Bildschirm und entsprechenden Devotionalien im Handel für moralischen Aufwind bei DDR-Anhängern gesorgt hat. Es war vielleicht nicht beabsichtigt, trotzdem hat dieser ganze Pittiplatschzirkus einer Verharmlosung der SED-Diktatur massiv Vorschub geleistet.

Die nachträgliche Gedächtniskosmetik mancher Leute nimmt inzwischen ungeahnte Formen an. Was vor einigen Jahren noch undenkbar gewesen wäre, findet jetzt in aller Öffentlichkeit statt. Stasioffiziere, Parteifunktionäre und ihre Gefolgschaft stören ungehemmt politische Veranstaltungen und protestieren vor Gedenkstätten. Sie fühlen sich im Recht.

Leider sind es nicht nur die ganz Uneinsichtigen, die sich heute, zwanzig Jahre später, über die sozialistisch korrekte Bezeichnung von Fleischgerichten aufregen. Offenbar gibt es inzwischen auch in anderen Teilen der deutschen Bevölkerung das starke Bedürfnis, sich mit der DDR an ein Land zu erinnern, das es nie gegeben hat: an eine fröhliche kleine Republik, in der es keine Schlangen vor dem Konsum gab, keinen alltäglichen Versorgungskampf, kein monatelanges Warten auf den Klempner, keine erniedrigende Eine-Hand-wäscht-die-andere-Unkultur, keine politischen Zwänge und Parteiversammlungen, keine rechtsfreien Räume, Stasiknäste, Häftlingsfreikäufe. Ein zwar schief- aber irgendwie doch gerade noch glimpflich abgegangenes sozialistisches Experiment ohne Kachelöfen, Sättigungsbeilagen, stinkende Trabis, Eingesperrtsein, Angst, Mauertote, Bevormundung und Bildungsbeschneidung. Kurz, ein Land, das viel freier und offener daherkommt, als es die DDR tatsächlich war. Ich frage mich, wie viele Kaliningrader Klopse man eigentlich essen muss, damit man das ernstlich glaubt.

»Mir ging es gut in der DDR«, ist ein Satz, den ich durchaus häufiger höre. Wenn er von Fremden an mich gerichtet wird, ist er meist als Vorwurf gemeint. Im besten Fall wollen die Leute damit ausdrücken, dass ihr eigenes Leben Wert hatte, obwohl es in einer Diktatur stattfand. Dabei übersehen sie, dass das eine mit dem anderen nicht zwingend zu tun hat – und weder Grund noch Entschuldigung für Verharmlosung sein darf.

Mir ging es auch gut in der DDR, und das, obwohl ich dort unter Staatsfeinden (oder wen der alters- und angststarre Machtapparat dafür hielt) groß wurde. Entsprechend frühzeitig war ich mit all den Konsequenzen vertraut, die dieses Umfeld im ostdeutschen Überwachungsstaat nach sich zog. Immer wieder wollten Journalisten seit Erscheinen meiner autobiographischen Kurzgeschichten wissen, wie es mir gelungen sei, so frei und leicht über meine Kindheit in der DDR zu schreiben. »Sie erzählen ganz ohne Bitterkeit davon – als wäre es eine glückliche Zeit gewesen.«

Die Wahrheit ist, es *war* eine glückliche Zeit, auch wenn mir die politische Sachlage weder Muße noch Gelegenheit ließ für einen naiv verträumten Blick auf den Realsozialismus. Aber ich war glücklich, weil ich mit den Menschen zusammen war, die ich liebte, weil Westschokolade nicht alles im Leben ist und weil mir dieser Staat, der seinen Bürgern nicht wohlgesonnen war, am Ende nichts anhaben konnte. Ich bin mehr als glimpflich davongekommen.

Sicher hätten die äußeren Umstände leichter sein können für mich, wäre ich »angepasster DDR-Durchschnitt« gewesen, wie ich es in einer Geschichte nenne. »Mit Eltern in der Partei, FDGB-Urlaub in Kühlungsborn und einer Dreizimmerwohnung in Marzahn.« Aber ich glaube nicht, dass sich mein Glückspotenzial dadurch vergrößert hätte. Im Gegenteil. Viel furchtbarer als das Ertragen von Duckmäusern, Denunzianten, Parteisekretären und Phrasendreschern scheint mir heute die Vorstellung, ein Teil von ihnen gewesen zu sein. Ich bin dankbar, dass mir das erspart blieb – nicht nur, weil mein Leben selbst unter Bewachung und Reglementierung vermutlich deutlich fröhlicher und hedonistischer war als das der meisten Mitmacher.

Vor allem der beklemmend dumpfe Geist der späten DDR lässt mich immer noch schaudern. Folgende Geschichte ist leider kein Witz: Im Frühsommer 1989 antwortete ein DDR-Student ohne jede Ironie auf die Frage, warum er Platon für einen idealistischen Philosophen halte: »Weil er die führende Rolle der Arbeiterklasse nicht erkannt hat.« Das ist die bittere Wahrheit über die letzten Jahren vor der Wende: Trivialität, Gedankenlosigkeit, Desinteresse. Aber wer erinnert sich heute schon noch gern daran?

Die große öffentliche Aufmerksamkeit, die der flotte Osten durch die Fluten von bunten ORWO-Bildern, altmodischen Möbeln sowie in die Jahre gekommenen DDR-Stars erhält, weckt ganz offensichtlich auch bei vielen hinterbliebenen Bürgern den Reiz, die eigene Lebensrealität im Nachhinein zu verschönern. Das ist schade. Denn der Blick auf das Private, das berechtigte Beharren auf der eigenen Leistung hat Flankenschutz durch Verharmlosung eines menschenfeindlichen Systems nicht nötig.

War doch nicht alles schlecht. Das Problem an diesem Satz ist, dass er eigentlich meint: War doch alles gut. Aber das war es nicht. Keinen gab es im Land, der mit der rigiden Ordnung des öffentlichen Lebens nicht vertraut war. Jeder hat sich ihr auf seine Weise gefügt. Mal mehr, mal weniger. Wir sind schon als Kinder darauf konditioniert worden. Wer heute etwas anderes behauptet, der lügt. Man braucht die Leute nur zu fragen, ob sie im Beisein des Parteisekretärs Honeckerwitze erzählt oder sich über die Mauer aufgeregt haben. Selbstverständlich nicht – obwohl ich fürchte, der eine oder andere Klops-Spezialist hat sich sogar das inzwischen erfolgreich eingeredet.

In Wirklichkeit wusste jeder, wie man sich »richtig« verhält und was der Satz »Den hamse abgeholt« bedeutet. Wie alle Bewohner totalitärer Staaten hatte man auch in der DDR ein sehr genaues Gespür für die ganz gewöhnliche, alltägliche Einschüchterung. Es gab sogar einen eigenen Begriff dafür: gelernter DDR-Bürger.

Das erhöhte Bewusstsein für das eigene Auftreten und dessen mögliche Konsequenzen war nicht die Ausnahme, sondern Normalität. Wie ein Reflex begleitete Selbstkontrolle jede Handlung in der Öffentlichkeit. Das fiel einem kaum noch auf.

Ich halte es für wichtig, diese unschöne Tatsache, die weit ins Wesen des Systems blicken lässt, nicht immer unbedacht gegen Erinnerungen an glückliche Erlebnisse in der untergegangenen Volksrepublik abzuwägen oder beides zu vermischen. Jeder hat das Recht, sich an seine Geschichte zu erinnern, und natürlich gibt es richtige Gefühle im falschen Staat. Aber das rehabilitiert nicht das politische System, in dem sie stattfanden.

»Hamwa nich gewusst.« Sicherlich. Aber hätte man wissen können. Wegschauen hat mit Ahnungslosigkeit nichts zu tun.

Der mit Abstand absurdeste Fall von Hamwanichgewusst ist mir in Cottbus begegnet. Was mich einigermaßen überraschte – denn im Spreewald hatte ich wenige Stunden zuvor die exakt gegenteilige Erfahrung gemacht. Ich hatte in der ehemaligen DDR-Bezirkshauptstadt südlich des Spreewalds eine Lesung und war extra eher angereist, um zuvor noch eine Tour durch den Spreewald zu machen, denn mein letzter Besuch in dieser Gegend lag mindestens dreißig Jahre zurück. Damals hatten wir einen Kindergarten-Ausflug nach Lübbenau unternommen, waren aufgeregt eine Runde im Holzkahn gefahren, hatten ein Heimatmuseum besucht und an einem Kiosk sorbische Trachtenpuppen mit lustigen Hauben bewundert. Ich konnte mich nur noch an wenig konkret erinnern. Nur eines habe ich nie vergessen: Die Kindergärtnerin hatte eine Schar Schwalben über unseren Köpfen für eine kleine Übung in Vogelkunde genutzt. Ob jemand wisse, wo Schwalben nisten? Alle wussten es. Unter Dächern. In der kleinen brandenburgischen Ortschaft, aus der wir kamen, hatten viele Häuser ihr eigenes Schwalbennest. »Und in der Steilküste«, ergänzte ich, »sie graben Höhlen rein und wohnen drin.« Die Erzieherin sah mich streng an: »Nein, da irrst du dich. Schwalben können nicht graben!«, belehrte sie mich und verbot mir, als ich darauf beharrte, »weiter zu lügen«. Ich log nicht. In der Steilküste Rügens, von wo ich erst wenige Monate zuvor in die Märkische Schweiz gezogen war, nisten seit Jahrhunderten Uferschwalben. Sie bauen sich ihre Höhlengänge in den festen Sand des hohen Ufers, das an manchen Stellen ganz durchlöchert ist. Ich hatte es tausendmal beobachtet.

Aber hier im Spreewald, zwischen den von Kanälen umflossenen Inseln mit dichten Bäumen und morastigen Wiesen, konnte ich es nicht beweisen.

An diese Episode erinnerte ich mich, als ich nun auf dem Weg nach Cottbus im Spreewald hielt, um eine Kahn-Rundfahrt zu machen. Die einzigartige Spreewaldlandschaft ist heute ein Biosphärenreservat und steht unter besonderem Schutz. Die weniger befahrenen, schmalen Arme des Deltas müssen von den Behörden stetig freigehalten werden, sonst wachsen sie ganz zu. Die Kahnfahrt führte mich von Lübbenau, auch diesmal mein Ausgangsort, nach Lehde, einem Lagunendorf, durch das jede Spreewaldtour führt. Dort machten wir eine Pause. Zwei der Fährmänner, die die typischen Stak-Kähne bedienten, saßen am schattigen Tisch einer Gastwirtschaft und warteten darauf, dass sich die Gruppen zur Weiterfahrt sammelten. Ich setze mich kurz zu ihnen, und wir plauderten über Touristenanstürme, unbezahlbare Wassergrundstücke und Heimatverbundenheit. »Würden Sie sagen, dass die Wende dem Spreewald gut getan hat?«, fragte ich deshalb die Fährmänner.

»Die Wende hat uns allen gut getan!«, riefen sie fast etwas empört im Chor. Dasselbe hatte ein älteres, ostdeutsches Ehepaar, das hinter mir auf dem Kahn nach Lehde saß, gerade seinen Tischnachbarn erklärt. Ich saß Rücken an Banklehne mit ihnen und musste notgedrungen zuhören, worüber sich die vier unterhielten. Alle waren starke Dialektsprecher, weswegen ihre Herkunft aus Brandenburg und dem Rheinland unschwer zu erraten war. Während der Kahn mit uns durch die Kanäle glitt, vorbei an wunderschönen Wassergehöften, die teilweise gar nicht vom Land aus zu erreichen sind, an verwilderten Wiesen, haushohen Holunderbüschen und schlanken Bäumen, deren Wurzeln manchmal wie die knochigen Finger verwunschener Geister aus dem Wasser ragen und nach den kleinen Booten greifen, erzählten die Brandenburger den Gästen aus ihrem Leben, und mir schwante Schreckliches, als die Rheinländer plötzlich fragten, ob es denn nun besser sei. »Also, wir würden auf keinen Fall die Uhren zurückdrehen!«, sagte der Mann mit Bestimmtheit. Seine Frau fügte nach einem Moment hinzu: »Nein. Manchmal denkt man, das war eigentlich ganz gut oder das, aber das sind Kleinigkeiten. Es war nicht immer leicht nach der Wende, aber das war es vorher ja auch nicht. Wir sind froh, dass es vorbei ist.« Ich warf meinem Begleiter, der ebenfalls ungewollt zum Lauscher geworden war, einen triumphierenden Blick zu. Hier war von Sehnsucht nach der DDR keine Rede, obwohl das Ehepaar liebevoll von früher erzählte.

Ganz anders erging es mir dann am Abend bei meiner Lesung in Cottbus: Nach dem offiziellen Teil konnte wie nach jeder Veranstaltung, wer wollte, sich ein Buch signieren lassen. Die Zuhörer nutzen diese Gelegenheit oft, um mit mir im kleinen Rahmen kurz ins Gespräch zu kommen. Meistens erzählen sie mir ihre Geschichte oder weisen auf Parallelen hin. Sie erwarten selten Antworten, sondern haben eher das Bedürfnis, etwas von sich mitzuteilen. Manchmal sind das sehr eindrückliche Momente.

Am Ende dieses Abends in Cottbus stand eine junge Frau vor mir, die sich offenbar vom Titel meines Buches hatte irreführen lassen. Bevor sich der Verlag mit mir gemeinsam im Herbst 2002 auf »Meine freie deutsche Jugend« festlegte, war ich etwas verunsichert gewesen, ob die ironische Brechung auch deutlich genug hervortrete. Mein Freund Robert, der schon lange in Paris lebt, zerstreute meine Zweifel damals mit dem Argument, dass nicht mal

Egon Krenz die Frechheit besäße, ein Buch in vollem Ernst so zu nennen.

Sonst hat er immer recht behalten.

Aber an diesem Tag in Cottbus war es wie verhext. Ich war zu meinem Entsetzen schon am Nachmittag von der Direktorin einer Berufsschule, wo ich im Rahmen eines Landesbildungsprogramms ein paar Geschichten las, mit den Worten: »Claudia Rusch und ihr Buch *Meine FDJ*« vorgestellt worden. Als ich nun den verärgerten Ausdruck auf dem Gesicht der jungen Frau sah, war mir sofort klar, dass es erneut schiefgegangen war. Sie war unzufrieden, dass, wo »freie deutsche Jugend« drauf stand, nicht FDJ drin war. Normalerweise sage ich in solchen Fällen, na, dann sind wir ja jetzt quitt, das zweite D in DDR stand schließlich auch für demokratisch. Aber hier war der Fall komplizierter, denn die Frau vor mir war höchstens Mitte zwanzig. Eindeutig zu jung für eine abgebrochene Funktionärskarriere. Trotzdem war es ihr wichtig, mir gegenüber nochmal klarzustellen, wie gut es ihr im Osten gegangen sei. In ihrer Verteidigungsrede, in der sie vollmundig vom Sozialismus sprach, aber vermutlich die eigene Familie meinte, erwähnte sie neben Wohlstand, Chancen und erlebnisreichen Pioniernachmittagen unter anderem, dass sie in der DDR weder von irgendwelchen Reisebeschränkungen noch der Teilung Deutschlands jemals gehört habe. Von beidem habe sie erst nach der Wende erfahren. Als die Mauer gefallen sei, musste man ihr erst erklären, dass und wo es eine gegeben hatte.

Ich fragte sie nach ihrem Geburtstag. Januar 1981. Kopfrechnen ist nicht gerade meine Stärke, aber das hatte ich schnell.

»Aber dann waren Sie fast neun Jahre alt, als die Mauer fiel!«, platzte ich heraus.

»Ja.«

»Und Sie haben niemals vom Westen oder der BRD gehört?«

»Nein. Ich dachte, ganz Deutschland wäre DDR.«

»Für was hielten Sie dann die Intershops?«

»Kannte ich nicht.«

»Biene Maja, Sendung mit der Maus, Schwarzwaldklinik?«

»Nein.«

»Konnte man in Cottbus nicht ARD und ZDF empfangen?«

»Bei uns wurde nur DDR-Programm geschaut.«

Die Information überraschte mich nicht. Das hatte ich zu diesem Zeitpunkt bereits vermutet.

»Aber Sie waren doch in der Schule. Haben Sie nicht gehört, wie sich die anderen Kinder über das Westfernsehen unterhalten haben, also Sendungen, die Sie nicht kannten?«

»Nein, nie.«

Nie ... Konrad Weiß erzählte von einem kleinen Jungen, welcher vor einigen Jahren auf die Frage, was die DDR sei, geantwortet habe, »ein Bundesland im Mittelalter«. Ungefähr so kam mir das hier auch vor.

Das Erschreckende an ihrer Sicht der Dinge war nicht die sehr eigenwillige Wahrnehmung der DDR, es gibt immerhin eine statistisch signifikante Chance, dass sie das tatsächlich als Kind so erlebt hat, auch wenn man es kaum glauben mag. Das Problem besteht vielmehr darin, dass sie von all dem im Brustton der Überzeugung sprach. Als sei das die Lebensrealität aller gewesen. Als sei die DDR so gewesen.

Die Renitenz der jungen Frau in dieser Angelegenheit ließ mich vollkommen ratlos zurück. Ich kapitulierte und verabschiedete mich mit dem Kompliment, dass sie großes

Glück gehabt habe, in einer so heilen Welt aufgewachsen zu sein. Sie sah mich verunsichert an. Es war mir egal. Wenn sie schon sonst nichts kapiert hatte, musste ich mir nicht die Mühe machen, ihr das zu erklären.

Die wegen Schleichwerbung geschasste Moderatorin Andrea Kiewel, die aus der DDR stammt und dort eine Karriere als Leistungsschwimmerin und Lehrerin hinter sich hat, behauptete vor einigen Jahren in einem Interview, dass sie niemals Kontakte zur Stasi gehabt hätte und in ihrem ganzen Verwandtenkreis auch keiner verfolgt worden wäre. Sie sagte: »Ich kann aber sehr wohl verstehen, dass Leute, die drangsaliert worden sind, sich an alles andere gern erinnern würden als an das.« In ihrer nächsten Antwort schob sie aber sicherheitshalber nach: »Die DDR nur als Diktatur für 17 Millionen Menschen hinzustellen ist falsch. Natürlich sind da immer wieder Dinge dabei, wo man sagt: Mein Gott, das hätte ja auch nicht sein müssen. Wie haben die sich doch angestellt.« Aber, findet sie: »Die Mauer ist 1989 gefallen. Irgendwann ist auch mal gut.«

Eine gewagte Forderung für jemanden aus der angepassten Fraktion. Ich hätte sie für weniger hemmungslos gehalten und ihr ein höheres Maß an Selbstreflexion zugetraut.

Erinnerungsfähigkeit hängt offenbar sehr von der Seite ab, auf der man sich einst befand. Die Verharmlosung, die gelegentlich recht unbedarft daherkommt, hat die kollektive Erinnerung nicht verändert. Sie hat nur denen, die an einen Kuschelstaat mit verschenkter Zukunftsoption denken, wenn das Wort DDR fällt, ein neues Selbstbewusstsein gegeben.

Der Lehrer, der mich 1981, ich war gerade 10 Jahre alt, öffentlich als faschistische Agentin abstempelte, weil ich den Aufnäher »Schwerter zu Pflugscharen« trug, der unterrichtet heute noch an derselben Schule. Nicht irgendein Fach, sondern Politische Bildung. Das ist kein Treppenwitz der Geschichte, das ist die Banalität des Lebens. Verdrängung gehört zum Alltag. Es geht nicht um eine Verdammung des Lebens in diesem Staat, es geht um eine differenzierte Auseinandersetzung mit ihm. Der unverstellte, ehrliche Blick auf die DDR ist nämlich keine Frage der Erinnerung. Es ist, wie damals, eine des Standpunkts.

Bezirk Halle:
RÜCKBAU OST

Meine Eltern sind vor einigen Jahren in ein kleines Haus mit Garten am Berliner Stadtrand gezogen. Sie haben sich damit einen Traum erfüllt. Einzig das neue Nummernschild am Auto trübt das Glück. Für meinen Vater ist es immer noch ein wenig befremdlich, mit dem Provinz-Kennzeichen MOL herumzufahren. Schließlich ist er gebürtiger Berliner. Leben im Grünen hin oder her.

Der kürzeste Weg zu meinen Eltern führt durch mehrere Ost-Berliner Plattenbausiedlungen. Eigentlich alle wichtigen: Hohenschönhausen, Marzahn, Hellersdorf. Es ist die einzige Gelegenheit, bei der ich in die Nähe von Berliner Neubauvierteln komme. Ansonsten spielt sich mein Leben weit entfernt von den WBS-70-Wohnsilos ab. Das hat ganz banale Gründe. Erstens kenne ich niemanden, der in so einem Arbeiterregal wohnt, und zweitens gibt es in meinem Alltag nichts, was ich dort zu erledigen hätte. Ich muss ja nicht mal meinen Stadtbezirk verlassen, wenn ich nicht will.

Mit den Jahren nach der Wende hat sich der Anblick der Neubauten verändert. Vermutlich sind auch die Freiflächen davor und die Parkanlagen dazwischen mittlerweile ganz anders als zu Ost-Zeiten, aber das kann man von der dreispurigen Chaussee aus, die zum Dorf meiner Eltern führt, nicht sehen. Dem Durchreisenden zeigt sich, wie im richtigen Leben, nur der Wandel der Fassaden.

An denen ist inzwischen das Einheitsgrau meistenteils bunten, oft sogar gemusterten Verkleidungen gewichen. Manchmal erstreckt sich die neue Außengestaltung referierend über einen ganzen Komplex, sodass auf einmal ein Ensemble sichtbar wird, wo sich vorher scheinbar nur Einzelblöcke drängten. Was so ein bisschen Farbe doch ausmacht. Grundsätzlich attraktiver werden diese Wohngebiete für mich trotzdem nicht. Ich bin ein überzeugtes Altbaukind und froh, wenn hinter den Platten endlich die ersten Felder auftauchen.

Meine Eltern und ich hatten am Abend im Garten mit Freunden gegrillt. Am nächsten Tag wollten wir uns in einem idyllisch an der polnischen Grenze gelegenen Freilufttheater die Matinee ansehen und danach noch ein bisschen an der Oder spazieren gehen. Die Nacht war lau und sternenklar gewesen, aber am Morgen regnete es derart stark, dass an einen Ausflug ins Oderbruch nicht zu denken war. Der Wetterbericht im Radio zerschlug jede Hoffnung. Unser Sonntagsprogramm war ins Wasser gefallen. Wir kochten eine neue Kanne Kaffee und blieben am Frühstückstisch sitzen.

Im Radio begann eine Reportage über das Schrumpfen ostdeutscher Städte. Mein Vater drehte lauter. Es ging um die massive Abwanderung aus dem Osten, um drastische Geburteneinbrüche von über zwei Dritteln und den dadurch bedingten Wohnungsleerstand. Ganze Landstriche in den fünf neuen Ländern vergreisen. Von den Jungen bleiben meistens nur die ohne Geld oder Ausbildung. Keiner weiß, wohin das führen wird. Manche Tendenzen erkennt man jetzt schon: Das Schauerbild vom »deutschen Mezzogiorno« macht die Runde.

Kaum etwas ist so sehr ein Synonym für DDR wie die

uniformen Plattenbauten, mit denen das Land seit den späten fünfziger Jahren systematisch überzogen wurde. Erklärtes Ziel des »umfassenden Wohnungsbauprogramms« war die Abschaffung der Wohnraumknappheit bis 1990. In gewisser Hinsicht hat das geklappt. Angesichts des massiven Leerstands heute könnte man sogar von einer Übererfüllung des Plansolls reden.

Besonders stark betroffen sind die riesigen Plattenbausiedlungen in der Nähe ehemaliger DDR-Industrieanlagen wie in Eisenhüttenstadt, Halle-Neustadt, Hoyerswerda oder Schwedt. In einigen solcher Trabantenstädte hat man schon vor Jahren mit dem »Rückbau« der verlassenen Neubaublöcke begonnen. Darin steckt Symbolik: Die Wohnanlagen, die heute keiner mehr braucht, wurden in der DDR stets als wichtigste Errungenschaft des Sozialismus gefeiert.

Die Radioreportage war in Halle-Neustadt angekommen, der »Sozialistischen Stadt der Chemiearbeiter«, deren Bevölkerungszahl sich seit 1990 beinahe halbiert hat. Der Abriss ist dort längst in vollem Gange. Der Sprecher erklärte, dass dabei auf Sprengungen verzichtet würde, um die Gefühle der Anwohner nicht zu verletzen.

»In Halle-Neustadt gab's die höchste Selbstmord- und Scheidungsrate der DDR«, sagte meine Mutter.

»Und der Jugendknast da hieß *Frohe Zukunft*«, ergänzte mein Vater.

»Der war in Halle, nicht in Halle-Neustadt«, verbesserte sie ihn.

»Ist das nicht dasselbe?«

»Nein. Wurde erst nach der Wende eingemeindet.«

»War einer von euch schon mal in Halle-Neustadt?«, fragte ich.

»Nein«, antworteten meine Eltern im Chor.

Im Radio wurden weiter beunruhigende Zahlen über Bevölkerungsrückgang und Alterungsprozesse genannt.

»Was machen wir jetzt eigentlich mit dem angebrochenen Vormittag?«

»Wir können ja nach Halle-Neustadt fahren und nachsehen, wie der Stadtumbau Ost so vorangeht«, schlug ich vor. »Vielleicht ist da das Wetter besser.«

Es könnte zu viel Kaffee gewesen sein oder der Dauerregen, möglicherweise lag es auch daran, dass wir auf eine Spazierfahrt eingestellt waren und nicht den ganzen Tag im Haus hocken wollten, jedenfalls beschlossen wir in einem Anflug von Abenteuerlust den seltsamsten Sonntagsausflug unseres Lebens: eine Spritztour nach Halle-Neustadt. Knapp 170 Kilometer südwestlich von Berlin.

Halle-Neustadt, auch Ha-Neu genannt, ist wie Eisenhüttenstadt (geborene Stalinstadt) ein echtes sozialistisches Planprodukt, erbaute im Nichts auf dem freien Feld. Im Zuge des »Chemieprogramms der DDR« wurde Anfang der sechziger Jahre beschlossen, für die Standorte Buna und Leuna passende Arbeitersiedlungen anzulegen. Man entschied sich für ein Gebiet an den Saaleauen bei Halle. 1964 wurde zuerst das benötigte Plattenbauwerk eröffnet, und schon sechs Monate später legte Horst Sindermann, späterer langjähriger Volkskammerpräsident, den Grundstein.

Auf der schönen, neuen Autobahn fuhr es sich gut. In der Höhe von Dessau hatte der Regen nachgelassen, und kurz vor Halle schien plötzlich die Sonne. Wettertechnisch hatte sich die Sache schon einmal gelohnt.

Wir redeten die ganze Fahrt über Plattenbauten. Sie hatten unser Leben in der DDR nicht bestimmt, waren aber allgegenwärtig gewesen. Meine Mutter und ich lebten sogar kurze Zeit in einer winzigen Neubausiedlung, die damals nur aus sieben Blöcken bestand, in einem kleinen Ort auf Rügen. Ich erinnere mich vage an schmerzhafte Stürze auf glatten Steintreppen, verwirrend identische Hauseingänge und Neonröhren in Grün, Blau oder Lila, die an vielen Fenstern des gegenüberliegenden Sechsgeschossers klemmten und einen ungesunden Schein ins abendliche Dunkel warfen. Damals fand ich sie schön. Aber ich war auch erst vier. Eigentlich sind dieses fahle Licht, unser Balkonausblick auf das offene Meer und der riesige Hampelmann am Fenster, den meine Mutter aufgehängt hatte, damit ich immer wusste, wo ich hingehörte, die stärksten Erinnerungen an jene Zeit.

Als das Viertel in Berlin, in dem wir Anfang der achtziger Jahre lebten, rekonstruiert wurde, sollten wir auch in eine Platte umgesetzt werden. Aber meine Eltern weigerten sich vehement. Ich war froh darüber, denn Neubauten waren für mich der Inbegriff von Spießigkeit. Schlimmer als jeder Gartenzwerg. Funktionäre, Stasi, Bonzen, Kampf um die »Goldene Hausnummer«, vor der Wohnung abgestellte Straßenschuhe. An den Papptüren Holzschnitzarbeiten: »Hier leben, lieben und streiten ...« Vor allem streiten. Neubauwände sind sehr dünn.

Später habe ich einige wirklich coole Leute kennengelernt, die in Platten wohnten. Allerdings in solchen im begehrten Zentrum Berlins. Das Schlimme am Plattenbau waren ja eigentlich nicht die Gebäude an sich, sondern die ghettoartigen Siedlungen, die drinnen wie draußen von räumlicher Enge bestimmt wurden. »Arbeiterschließfächer«, »Werktätigenregale«, »Karnickelbuchten«, »Wohncontainer«, »Fickzellen mit Fernheizung« (Letzteres von Heiner Müller nicht erdacht, aber in seinem Stück *Germania 3* für die Bühne geadelt). Beliebt waren die toten Ausläufer der Stadt im Volksmund nie.

Halle-Neustadt war eine Stadt, die keinen solchen Rand besaß. Ha-Neu war per Konstruktion ein einziger Stadtrand. Das meiste, was von dort erzählt wurde, waren Gräuelgeschichten. Geschichten, keine Märchen, weil sie stimmten. Luft wie gelber Nebel, ein Meer aus Platten und Beton, keine Infrastruktur, nahverkehrstechnisch eine Zumutung. Das Einzige, was zuverlässig dort gefahren sein soll, waren die Arbeiterzüge in die Chemiewerke. Halle-Neustadt hat bis heute keinen urbanen Kern, denn ursprünglich war vorgesehen, jeden der Wohnkomplexe, aus denen sich die Stadt zusammensetzt, mit einem eigenen kleinen Zentrum auszustatten, was dann aber letztlich doch nie verwirklicht wurde. Deswegen blieb die ganze Anlage im wahrsten Sinne des Wortes im Zustand einer Schlafstadt stecken. Das Herz schlug im Akkord der 12-Stunden-Schichten von Buna und Leuna. Nach Halle-Neustadt zog man nicht aus Neigung, sondern weil die Chemie Arbeitsplätze bot und die nagelneue Stadt schon am Reißpapier für junge Familien entworfen worden war: Kindergärten, Schulen, fließend warmes Wasser, Badezimmer und eben Fernheizung. Kein Wunder, dass von uns niemand zu DDR-Zeiten jemals dort war. Man fuhr im Urlaub nicht zur Stadtbesichtigung nach Halle-Neustadt. Unser kleiner Nachmittagsabstecher hatte ja selbst jetzt noch etwas Verwegenes. Zwanzig Jahre nach dem Mauerfall.

Das Erste, was wir von Halle-Neustadt sahen, war die großflächige Mieterwerbung an den Fassaden einiger halbleerer Blöcke, links und rechts der einzigen Magistrale: »Willkommen beim Wohndiscount«. Es fing genau so an, wie wir es erwartet hatten. Wir waren schließlich zum Gruseln hergekommen.

Allerdings ließ der Schreck in Halle-Neustadt schnell

wieder nach. Das, was nach dem großflächigen Abriss von der Chemiearbeiterstadt heute übrig geblieben ist, ruft erstaunlicherweise nicht ansatzweise solche Beklemmungen in mir hervor wie selbst das gepflegteste DDR-Neubauviertel im Originalzustand. Im Gegenteil. Nach der rabiaten Diät ist Halle-Neustadt – soweit das geht – heute sogar ein wenig beschaulich.

Wir waren alle drei sehr enttäuscht. Mit der banalen Möglichkeit, dass der umstrittene Stadtrückbau tatsächlich positive Effekte erzielt, hatten wir nicht gerechnet. Ich werde den »Stadtumbau Ost« jedenfalls nie wieder einen Euphemismus schimpfen. »Schöner unsere Städte und Gemeinden.«

Die Betonwüste, die wir von alten Fotos und Filmen kannten, kann man nicht sofort wiederfinden in dem üppig begrünten Ort, der Halle-Neustadt heute ist. Mit den weiten Freiflächen und überraschend unterschiedlichen Häuserblöcken will die alte Vorzeigesiedlung an manchen Stellen verwirrenderweise nicht ins Bild der Ost-Platte passen. »So war das eigentlich auch mal von den Stadtplanern gedacht«, erklärte uns ein Mann, der mit seinem Hund Gassi ging und den wir kurzerhand ansprachen. Kunst am Bau, viele Grünflächen, Platz für Sportanlagen und Licht. Das sieht man vor allem dem ehemaligen Wohnkomplex I an, dem einstigen Pionierprojekt der Planstadt. Die danach entstanden WKs, wie das in Halle-Neustadt nicht mehr heißt, aber immer noch genannt wird, standen deutlich näher beieinander. Je später der Bau, desto geringer die Abstände. Man hätte sich geradezu die Hand reichen können von Fenster zu Fenster. Aber das sei ja zum Glück alles wieder weg. Er sagte, zum Glück. Für ihn, der ganz offensichtlich überzeugter Neustädter war, hätte man offenbar nicht auf Sprengungen beim Rückbau verzichten müssen.

Ein paar Meter entfernt stand unser Auto mit offenen Türen einsam auf einem völlig leeren Parkplatz. »Wo kommen Sie her?«, fragte der Hundemann und schielte auf MOL.

»Moldawien« brummte mein Vater, an seinem wunden Punkt getroffen.

»Berlin«, sagte meine Mutter schnell.

»Berlin?! Na, dann sehen Sie sich mal den Millionenblock an! Der ist beeindruckend. So was haben Sie nicht in der Hauptstadt.«

Allerdings. Ein fast vierhundert Meter langer, zusammenhängender Neubaukoloss mit elf Stockwerken und insgesamt 29 Aufgängen. Das größte je in der DDR gebaute Wohnhaus. Und nicht mal hässlich. Eher ein bisschen futuristisch. Jedenfalls wie man sich das früher vorstellte. Das nahe gelegene Bauhaus in Dessau lässt grüßen. Was da drin sei, wollten wir wissen. Wohnungen. Und ein großes Seniorenheim. Betreutes Wohnen. Davon gebe es inzwischen sehr viel.

Das passt zu den demographischen Prognosen aus dem Radio. Vor vierzig Jahren war Halle-Neustadt die »jüngste Stadt der Republik«. Mit einem Durchschnittsalter von 23. Wahrscheinlich nirgendwo anders ist ein Ort so konsequent mit seinen Bürgern gealtert. Daran muss jetzt gedacht werden. Die Stadt stellt sich ein auf das Kommende. Die eigentlich interessante Frage ist aber, was danach mit Halle-Neustadt passiert.

Ich fragte nach Kindern. »Nein«, antwortete der Mann: »Das ist vorbei. Früher gab's hier sehr viele Kinder. Ich kann mich noch genau daran erinnern, wie es aussah, wenn abends vor der Kaufhalle immer die ganzen Kinderwagen aufgereiht nebeneinander standen. Dutzende. Das fällt sehr auf. Aber was sollen die jungen Leute machen. Hier gibt's ja keine Arbeit.« Wir nickten. Es ist eine bittere Ironie, dass Halle-Neustadt in seiner grünen Weite jetzt ungefähr die Stadtansicht hat, die es ursprünglich haben sollte. Nur dass der Grund wegfiel, warum Halle-Neustadt überhaupt existierte.

Wir verabschiedeten uns und fuhren durch die Straßen. Es war inzwischen Nachmittag geworden und ziemlich heiß. Wir waren viel zu warm angezogen. Mit Hochsommer in Halle-Neustadt hatten wir nicht gerechnet. Auf der anderen Seite der Magistrale stiegen wir aus und gingen ein bisschen zu Fuß. Ein schöner Spaziergang. Überall erholsame Ruhe, Wiesen, Bäume, Hügel, kleine Weiher. Der Abriss hat keine Narben hinterlassen. Für Außenstehende wie uns ist nicht mehr zu erkennen, wo einst Wohnblöcke standen. Über die Vergangenheit scheint endgültig Gras gewachsen zu sein. Dichte Bäume, Sitzbänke, frischgestrichene Geländer. Kein Müll auf dem Rasen. Der Blick über den alten Steinbruch zu den aufgepeppten Platten am Horizont hatte beinah etwas Romantisches. Von wegen Katastrophentourismus. Blühende Landschaften waren das. Eindeutig.

Aber es beschränkt sich eben auf die Botanik. Die Sonntagsidylle täuschte. Halle-Neustadt gilt als sozialer Brennpunkt. Obwohl an diesem Nachmittag nichts darauf hindeutete, glaube ich das sofort. Wenn wir auch nur einen einzigen Jugendlichen gesehen hätten, wäre der Eindruck möglicherweise ein anderer gewesen. Aber wir sahen keinen. Es gab überhaupt kaum Menschen auf den Straßen und in den Parks. Als würde hier niemand leben und Halle-Neustadt in Wahrheit nur die Kulisse eines ostdeutschen Legolands sein. Denn selbst wenn die Einwohnerzahl seit der

Wende auf fast die Hälfte gesunken ist: Es leben noch immer rund 50 000 Menschen hier. Wo waren die alle? Vermutlich genau da, wo die Berliner auch am Sonntag sind. Vom Erdboden verschluckt. Spätestens am Montagmorgen ist dann wieder alles beim Alten. Aber bis dahin würden wir nicht in Halle-Neustadt warten. Wir konnten nur das mitnehmen, was wir gerade vorfanden. Die Sonne, die strahlend auf den Dächern der Neubauten lag und sich in den Scheiben der oberen Etagen spiegelte, tauchte alles in ein warmes Licht und machte unseren Besuch noch unwirklicher.

Meine Mutter unterhielt sich am Wegesrand schon mit der nächsten Hundebesitzerin, als mein Vater und ich noch fasziniert vor zwei Hochhaustürmen standen und überlegten, ob die nur neu angemalt waren oder ob man auch die Form der Fassade verändert hatte. Es waren keine üblichen Klötze. Die Balkone lagen seitenverkehrt und waren höhendiametral gestaffelt. Das gab den Zwanzig-Geschossern eine erstaunliche Leichtigkeit, die von der diskret mehrfarbigen Verkleidung betont wurde. Man konnte es beim schlechtesten Willen nicht anders nennen: Sie waren auf ihre Weise schön. Zum ersten Mal sah ich, dass DDR-Plattenbauten nicht zwingend eiligst hochgezogene Verwahrsilos sein mussten. Wenn man die Baumeister ließ, konnten sie, jenseits der genormten WBS-70, offensichtlich auch etwas sein, das man ihnen eigentlich nicht zutraute: gelungene moderne Architektur. Dass ich ausgerechnet in Halle-Neustadt darauf stoßen würde, fand ich, vorsichtig formuliert, verblüffend.

Bevor wir zurückfuhren, gingen wir in das einzige Restaurant, das zu finden war und uns alle empfohlen hatten. Eine Bowlingbahn mit eingeschränkter Speisekarte. Es gab Soljanka, Würzfleisch, Pommes frites, Bratkartoffeln, Bauernsülze, Toast, Hamburger, Schnitzel. In der Reihenfolge. Wir entschieden uns für Würzfleisch und Sülze auf menschenleerer Terrasse. Im Hintergrund die Plattensilos. Das hatte jetzt doch einigen Ostflair. Na bitte.

Bevor das Essen kam, erzählte meine Mutter, was sie von einem Passanten erfahren hatte. In Halle-Neustadt gab es vor der Wende keine Straßennamen. Die Häuser waren einfach durchnummeriert. Für Fremde undurchschaubar, aber die Neustädter kamen damit klar.

Mein Vater fragte: »Sind die Straßen in New York nicht auch nummeriert?«

»Ja«, antworte ich, »aber nicht jeder einzelne Wohnblock. 55, siebzigste Straße West, hört sich wenigstens noch nach Adresse an. Block 703 klingt wie ein Lager. Ich hätte das auch umbenannt.«

»Natürlich«, wandte meine Mutter ein. »Aber stellt euch mal vor, wie das für die Leute nach der Wende gewesen sein muss. In den ersten Jahren gab es so viel Neues. Und das musste man sich auch noch alles merken. Krankenkassen, Versicherungen, Rentensystem, Arbeitsverträge, Kontonummern, Postleitzahlen. Das war sehr anstrengend. Manchmal hatte ich das Gefühl, das Einzige, was noch gilt, ist mein Impfausweis. Und wenn dann noch in der Stadt, in der du lebst, jede einzelne Straße umbenannt wird, bist du völlig orientierungslos. Ich stell mir das furchtbar vor.«

Sie hatte recht. In Berlin hatten nur ein paar Straßenzüge andere Namen bekommen, und ich schaffe es bis heute nicht, mir das zuverlässig zu merken. Jedes dritte Mal rutscht mir Dimitroffstraße heraus, wenn ich die Danziger meine.

Als die nette Kellnerin mit der Bestellung kam, fragten wir sie, ob sich die Leute an das neue System gewöhnt hätten.

Ach ja, doch, doch. Es habe zwar keiner wirklich Ahnung von den neuen Namen, aber weil die WKs thematisch benannt worden seien, könne man das gut herleiten. »Wenn jemand zur Gerberastraße will, dann geht er ins Blumenviertel, beim Ibsenweg zu den ausländischen Schriftstellern.« Und was, wenn man von Henrik Ibsen noch nie gehört hat? »Dann hat man leider Pech und muss fragen«, sagte sie und lächelt vielsagend. Das ist ja mal ein Gleichnis aufs Leben, dachte ich, hielt aber den Mund und kippte stattdessen original Dresdner Worcestersauce auf mein erstes Würzfleisch seit der Wende.

Um Punkt 17.30 Uhr waren wir wieder zu Hause. In MOL regnete es immer noch. Aber es störte uns jetzt nicht mehr.

Bezirk Leipzig:

DIE NISCHENGESELLSCHAFT

Wenn man im Internet »Gummitierchen« eingibt, dann fragt die Suchmaschine etwas belehrend »Meinten Sie: *Gummibärchen*?«.

So ist das immer, wenn man Ostdeutsch spricht. Dabei ist es mit DDR-Wörtern ein bisschen wie mit Glückspilzen: Die meisten, die dafür gehalten werden, sind gar keine.

Plaste zum Beispiel ist mitnichten eine DDR-Erfindung, sondern war lange vor dem Zweiten Weltkrieg für bestimmte feste Kunststoffe aus den Buna-Werken in Schkopau eingetragen worden. Die ebenfalls dort erfundene, biegsame Entsprechung heißt bekanntlich Elaste. Patent und geschützter Markenname verblieben auch nach der Verstaatlichung beim VEB Chemische Werke Buna Schkopau. So musste im Westen Ersatz geschaffen werden, und die amerikanische Entlehnung *Plastik* für Kunststoff kam in den deutschen Sprachgebrauch. Dabei gab es Plastik auf Deutsch eigentlich schon ... Als ein Bekannter sich bei seiner Prüfung zum Metallfacharbeiter versprach und statt Plaste versehentlich Plastik sagte, verbesserte ihn der Lehrmeister prompt mit dem Hinweis, der junge Herr wolle ja wohl nicht unter die Künstler gehen. Eine Plastik sei schließlich immer noch eine Skulptur.

Die Eigennamen bestimmter DDR-Spezifika wie Blockpartei, Reisekader oder Abschnittsbevollmächtigter haben auf Westdeutsch natürlich kein Pendant und sind also echte Ostwörter. Dazu gehören auch die fast immer unfreiwillig komischen Umbenennungen meist amerikanischer Phänomene, die der Abgrenzung vom Original dienen sollten. Etwa Popgymnastik statt Aerobic oder Ketwurst für Hot Dog. Eine andere, nicht ganz lupenreine DDR-Gruppe bilden die über die Teilungsjahre entstandenen Varietäten wie Fahrerlaubnis im Unterschied zu Führerschein oder Auslegware zu Teppichboden. Hierbei hat man es selten mit originär ostdeutschen Vokabeln zu tun, sondern mit solchen, die im Westen zwischenzeitlich schlicht aus der Mode gekommen waren. So auch die gern zitierte Uhrzeitangabe. Der Westdeutsche sagt »viertel nach drei«, der Ostdeutsche »viertel vier«. Dafür heißt es im Osten »dreiviertel fünf«, wo man im Westen »viertel vor fünf« sagt. Das ist kein Relikt der Honecker-Zeit, sondern die alte deutsche Variante, die auch in einigen Gegenden Bayerns und der Pfalz verwendet wird. Man liest das gelegentlich bei den Klassikern.

Echte Wortneuschöpfungen waren selten, konnten dafür aber manchmal sehr poetisch ausfallen. Polylux zum Beispiel, der elegante Name eines Gerätes, das in den alten Ländern äußerst sperrig Overheadprojektor genannt wird. Oder Silberpapier, wie die Aluminiumfolie märchenhaft im Osten hieß.

Das schönste Wort jedoch, das die DDR sich jemals ausgedacht hat – und zwar ohne Arg – , ist zweifellos »Komplexannahmestelle«. Gemeint waren die Läden des VEB Dienstleistungskombinats, wohin man alles Mögliche zur Reparatur bringen konnte, vom Schuh bis zum Bügeleisen. Auch die chemische Reinigung befand sich häufig in Komplexannahmestellen. Selbstwertprobleme wurde man dort leider nicht los.

Ein Wort, das in der DDR dagegen keine besondere Bedeutung hatte, aber sehr stark mit ihr in Verbindung gebracht wird, ist »Nische«. Im Duden aus dem Bibliographischen Institut Leipzig wird die Nische aufgeführt. Der Eintrag steht zwischen Nirwana und Nischni Nowgorod. Ein rein alphabetisch begründeter, aber durchaus richtungsweisender Platz.

Wenn es heute um das Leben in der DDR geht, wird gern zum Bild von der »Nische« gegriffen. Ganz abgesehen davon, dass »Nischengesellschaft« klingt, als ob wir im Osten alle in Einbauschränken gewohnt hätten, finde ich, dass das zu kurz gedacht ist.

Der Begriff »Nischengesellschaft« geht zurück auf den Diplomaten und Publizisten Günter Gaus, der von 1973 bis 1981 Leiter der Ständigen Vertretung der Bundesrepublik Deutschland in Ost-Berlin war und seine Erfahrungen mit der Alltagsrealität in der DDR zwei Jahre später in dem Buch »Wo Deutschland liegt« zusammengefasst hat. Dort hat er den Mythos der DDR-Nische geprägt, so wie er heute noch in Umlauf ist. Demnach hätten sich DDR-Bürger – dem politischen Druck ausweichend – zurückgezogen in ihre »Nischen«, um dort unbehelligt von Partei und Staat im sozialistischen Alltag ihre Freiräume zu leben. Vor allem private. Das Glück im Kleinen, jenseits von Stasi und gesellschaftspolitischen Erwartungen. Mit anderen Worten: Auch in der DDR verliebte man sich, lachte und feierte. Man hatte Spaß an vielen Dingen, fuhr in den Urlaub, heiratete, bekam Kinder, zog sie groß, betrog sich, ließ sich scheiden, ging seinen Hobbys nach, traf sich mit Freunden, wem man traute, mit dem sprach man *offen* …

Das ist zwar richtig, aber keine Erkenntnis, mit der man eine Gesellschaftsordnung charakterisieren kann. Schon gar nicht die einer Diktatur. Ja, in der DDR gab es Alltag. Ja, man kannte privates Glück. Ja, man bemühte sich um größtmöglichen Abstand zu den Behörden. Natürlich war das so. DDR-Bürger hätten das aber nicht Nische genannt, sondern schlicht Privatleben. Schaut man sich die vermeintlichen »ostdeutschen« Nischen nämlich in ihrer konkreten Ausführung an, dann wird man nicht nur feststellen, dass es sie häufig immer noch gibt, sondern auch, dass sie alle bekannte Namen haben: Familie. Glauben. Hobby. Sport. Laienchor. Skatklub. Kleingartenkolonie. Kegeltreffen. Schachverein. Theatergruppe und so weiter. Was Gaus mit »Nischengesellschaft« für die DDR definierte, ist nichts anderes als die Unterscheidung des persönlichen Lebens in einen öffentlichen und einen privaten Bereich.

Das ist ein Allgemeinplatz. Die Ostdeutschen hatten kein Monopol auf den Rückzug ins Private. Das gab es immer und bestimmt in vielfacher Hinsicht in jeder Gesellschaft. Zu unterschiedlichen Zeiten und unter verschiedenartigsten Bedingungen. Die Romantik etwa oder das Biedermeier waren von ausdrücklicher Flucht in die private Idylle bestimmt.

Der Nischenbegriff scheint mir deswegen so langlebig zu sein, weil er weniger ein Erklärungsgerüst als ein polemisches Werkzeug ist. Den einen dient die Nische zur Verharmlosung der realen politischen Zustände im Land, den anderen liefert sie das Gegenargument. Ihnen ist die Nische der Raum eines resignativen Rückzugs, in dem sich einrichtete, wer nicht offene Kritik am Regime wagte. Die Wahrheit liegt vermutlich irgendwo in der Mitte, eingepfercht zwischen 17 Millionen Einzelgeschichten.

Was ich an der Diskussion um die Nische viel bemerkenswerter finde, ist, dass stets selbstverständlich davon ausgegangen wird, es hätte so etwas wie echte Freiräume in der DDR tatsächlich gegeben. Man hatte seine Ruhe im Privaten, aber nur so lange, wie der Staat das zuließ. Alles hing an seinem Gutdünken. Er konnte zu jeder Zeit von seinen Machtbefugnissen Gebrauch machen und sich über die bestehende Rechtslage hinwegsetzen, wenn politisch-ideologisches Interesse daran bestand. Egal, in welchem Bereich. Die Träger der politischen Gewalt in der DDR waren absolut souverän. Sie konnten permanent über den Ausnahmezustand verfügen. Keine »Nische« war davor sicher.

Selbst, wenn es nicht gleich um die ganz großen Drohgebärden ging, war die durchpolitisierte DDR-Gesellschaft nie ganz frei von Zugeständnissen ans System. Oder war das Kleingartenidyll mit regelmäßigen Pflicht-Subbotniks, den samstäglichen Arbeitseinsätzen, eine unpolitische Nische? Die Spartakiade, wo vor der Leibesertüchtigung stets erst mal die lobhudelnde Rede auf Partei und Staat des Sportfunktionärs hinter sich gebracht werden musste, eine unpolitische Sportveranstaltung? Die neue Wohnung, die immer vom Eintrag ins Hausbuch begleitet war, ein ganz privater Rückzugsort, wo der lange Arm der Partei nicht hinreichte? Ganz zu schweigen von der Stasi, die versuchte, immer und überall mitzuhören und jede wie immer geartete Gruppe zu unterwandern. Wo hört in einem solchen Land eigentlich das Private auf, und wo betritt man bereits den politischen Raum? Ich glaube, »Nischengesellschaft« bagatellisiert den wahren Charakter der DDR jenseits des ganz normalen, privaten Alltags und wird dem Leben in der DDR nicht wirklich gerecht.

Das Wort Nische ist übrigens französisch und bedeutet Lücke, Höhlung, Aussparung. Eine *niche de chien* ist eine Hundehütte und eine *niche fiscale* ein Steuerschlupfloch.

Beide Ableitungen beschreiben das Wesen der vermeintlichen ostdeutschen Nische wiederum sehr gut. Man hat das Gefühl, sich frei zu bewegen. Die Spielregeln indes bestimmen andere.

Am offensichtlichsten war dies in der DDR-Bildungspolitik. Hier hatte der Staat eine starke Waffe in der Hand, mit der er rigoros und endgültig in das Leben seiner Bürger eingreifen konnte und es auch tat.

Es ist schon ein paar Jahre her, da hörte ich zufällig im Deutschlandfunk die Live-Übertragung eines sehr lebhaften Podiumsgesprächs. Ich befand mich gerade auf dem Rückweg von Leipzig nach Berlin. Bei den Gesprächspartnern handelte es sich um den chilenischen Theaterregisseur Alejandro Quintana, der Anfang der siebziger Jahre in die DDR emigrierte, und einen ostdeutschen Schriftsteller: Günter Kunert. Die Positionen waren klar verteilt. Der Regisseur schaute mit der geneigten Ja-aber-Haltung, die auch westdeutschen Linksintellektuellen gelegentlich eigen ist, zurück auf die DDR. Bei Kunert konnte davon keine Rede sein.

Auf dem Podium verteidigte der Chilene seine Haltung. Er hatte als verfolgter Kommunist Pinochet-Chile verlassen müssen und im Realsozialismus sein Glück gefunden. Das wollte er sich nicht wegnehmen lassen. Er ignorierte dabei geflissentlich, dass er mit seinem südamerikanischen Pass nicht nur stets die Option gehabt hatte zu gehen, sondern vor allem, dass er als gern gesehener, privilegierter Gast der SED-Diktatur nie ausgeliefert war. Fremdes Leid trägt sich leicht.

Der in die Enge gedrängte Chilene begann hilflos, die Volksbildung zu loben. Es habe ihn so sehr beeindruckt, dass in der DDR jeder studieren durfte. Kunert ließ ihn kaum aussprechen. Mit lauter Stimme rief er aufgebracht: »In der DDR wurde Bildung nach genau einem Kriterium vergeben – und das war ein politisches!« Für diesen klaren Satz war ich ihm sehr dankbar. Ich war noch ausgesprochen kampfeslustig, weil ich mich mit exakt diesem Thema gerade zwei Tage lang in Leipzig beschäftigt hatte.

Ich trage mich schon seit einer Weile mit dem Gedanken, ein Buch zum Thema Beschneidung höherer Bildung in der DDR zu machen. Es geht mir dabei nicht vordergründig um eine dokumentarische Aufarbeitung des Unrechts, ich bin keine Wissenschaftlerin. Mich interessieren die Geschichten der Menschen, denen das widerfahren ist. Was haben die Betroffenen, denen das Studieren verweigert wurde, gemacht? Welchen Weg haben sie sich gesucht, und wohin hat er sie vor und nach der Wende geführt? Das Faszinierende an diesen zwangsweise kreativen Lebensentwürfen sind für mich die irrwitzigen Schleichpfade und einfallsreichen Umwege, die Menschen in der DDR gegangen sind, um irgendwie an ihr Ziel zu kommen oder sich ihm wenigstens anzunähern.

Die Fälle, die ich bisher gesammelt habe, teilen sich in drei Gruppen. Pastoren- und Oppositionellenkinder, über die man die Eltern abstrafte, Kinder von »Angehörigen der Intelligenz«, denen Bildung zielgerichtet verweigert wurde, um das Bürgertum »zu zerschlagen« (das betrifft eher die fünfziger und frühen sechziger Jahre), sowie junge Menschen jeder Herkunft, die durch Aufmüpfigkeit mit dem System aneinandergeraten sind. Wer erst mal auf dem Index gelandet war, hatte schlechte Chancen, irgendwann noch einmal Zutritt zu einer höheren Bildungseinrichtung zu bekommen. Wenn er überhaupt das Abitur hatte machen dürfen. Glücklich, wer da geschickte Hände besaß oder ein Hobby hatte, das er zum Beruf machen konnte. Nicht jeder war damit gesegnet. Manche dieser Lebenswege sind sehr tragisch verlaufen, und viele haben die Hoffnungslosigkeit überhaupt nicht ertragen. Die Spannbreite reicht von Ausreise bis Selbstmord.

In Leipzig hatte ich mich mit zwei Männern getroffen, die bereit gewesen waren, mir von sich zu erzählen. Der Kontakt war über private Verbindungen zustande gekommen. Die beiden Geschichten sind sehr unterschiedlich.

Dass ich diese Männer ausgerechnet in Leipzig gefunden hatte, gefiel mir gut. Die Heldenstadt geht voran. Seit den mutigen Montagsdemonstrationen damals hat Leipzig einen besonderen Platz in meinem Herzen. Außerdem gibt es nirgendwo anders eine so hohe Zischlautdichte in Stadtteilnamen wie in Leipzig. Kleinzschocher, Liebertwolkwitz, Leutzsch, Lützschena, Stötteritz, Wiederitzsch, Eutritzsch ... Und das alles in breitem Sächsisch. Hinreißend. Leipzig gehört zu den Städten, die seit der Wende enorm gewonnen haben. Das ist nur gerecht, denn Leipzig war einst der wichtigste Messestandort Europas. Seit über 500 Jahre wird dort internationaler Handel getrieben. Das Zentrum des deutschen Buchwesens lag bis 1945 ebenfalls in Leipzig. Diese Bedeutung hat die Stadt in 40 Jahren DDR zwangsläufig einbüßen müssen. Heutzutage wichtige westdeutsche Markt- und Verlagsstandorte wie München oder Frankfurt am Main haben in der zweiten Hälfte des zwanzigsten Jahrhunderts durch den »Wegschluss« Leipzigs im Osten zweifellos stark profitiert. Diesen Vorsprung hat die alte, traditionsreiche Handelsstadt bis heute nicht wieder ganz aufholen können.

Aber Leipzig prosperiert. Nicht nur wirtschaftlich. Die Stadt findet zu ihrer alten Form zurück: Klein-Paris. Diesen Titel beanspruchen einige Orte in Deutschland. Doch nur Leipzig wurde er von Goethe höchstpersönlich verliehen: »Mein Leipzig lob ich mir! Es ist ein klein Paris, und bildet seine Leute.« – so steht es seit 200 Jahren im *Faust*. Szene Auerbachs Keller, ein Lokal, das in der traditionsreichen Mädler-Passage nahe dem Alten Rathaus Leipzigs zu finden ist.

Die positive Entwicklung Leipzigs, das Abstreifen des grauen DDR-Kostüms konnte man in den letzten Jahren beobachten wie in kaum einer anderen Stadt der neuen Länder. Ich erinnere mich, wie beeindruckt ich war vom großangelegten Umbau des Hauptbahnhofs (dem nach wie vor größten Kopfbahnhof Europas) Ende der neunziger Jahre. Man musste sich durchquetschen auf schmalen Gehwegen im riesigen Gebäude, das für viele Monate ein regelrechter Bauarbeiterzoo war, in dem hinter Hunderten von Bauzäunen gearbeitet wurde, während der Verkehrsbetrieb weiterging. Selten war der Aufbau Ost so praktisch zu erkennen.

Zu den bemerkenswertesten Veränderungen Leipzigs aber gehört das kuriose Wiedererscheinen der Flüsse im Stadtbild. Wer davon nichts wusste, hat ihre Abwesenheit früher nicht bemerkt. Durch die Innenstadt Leipzigs fließt Wasser. Unterirdisch. Wegen extremer Verschmutzung durch dic nahe Industrie (schon seit den vierziger Jahren des zwanzigsten Jahrhunderts) und dem damit verbundenen Gestank wurden 1953 erst die Pleiße und knapp zehn Jahre später auch noch der Elstermühlgraben in eine Wölbleitung, also ein Rohrsystem, unter die Erde verbannt. Darüber entstanden Straßen. Die Lebensadern der Stadt wurden einfach wegbetoniert und das Problem der verseuchten Flüsse unsichtbar gemacht. Nachdem sich im Zuge der Umweltschutzauflagen nun der Zustand der Flusswasser wieder verbessert hat, ist dank Aktionen und

Projekten mit so hoffnungsvollen Namen wie »Pleiße ans Licht« oder »Neue Ufer« in den letzten Jahren damit begonnen worden, das Kellerdasein der Pleiße und Elster zu beenden. Auch wenn die kleine Pleiße heute an manchen Stellen ehrlich gesagt aussieht, als wäre für die feierliche Eröffnung des Flussbettes alles vorbereitet worden, man hätte nur vergessen, ausreichend Wasser einzulassen, ist das neue Leben der ehemals verschwundenen Kanäle eine sehr wichtiger und sinnvoller Schritt auf dem Weg zu Leipzigs historischer Stadtansicht. Aufrufe dazu gab es durch Künstler und Architekten schon Ende der achtziger Jahre, aber erst nach der Wiedervereinigung entstanden dafür realistische Möglichkeiten.

Die Erlösung der Leipziger Flussgräben ist nicht die einzige Idee aus DDR-Zeiten, die bis zur Wende in Leipzig auf ihre Umsetzung warten musste. Die südlich der Stadt gelegenen künstlichen Seen, vor allem der beliebte Cospudener, genannt Cossi, sind geflutete Tagebaugruben eines ehemaligen Braunkohlereviers. Der DDR-»Nachnutzungsplan« als Naherholungsgebiet für die Leipziger wurde ab Mitte der neunziger Jahre unter dem freigewählten Stadtparlament realisiert.

Am ersten Abend lernte ich einen temperamentvollen Historiker kennen, der in den späten siebziger Jahren wegen lautstarkem politischem Fehlverhalten vor dem Rausschmiss (der so genannten Relegierung) an der Universität gestanden hatte. Da sich das aber immer schlecht in den Erfolgsstatistiken der Hochschulen ausnahm, stellte man ihn vor eine Wahl, die gar keine war. Er habe sich »auf eigenen Wunsch« vom Studium zu beurlauben. Auf seine Frage nach dem »oder« bekam er keine Antwort. Er wurde in den VEB Verlade- und Transportanlagen Leipzig vermittelt.

»Bewährung in der Produktion« nannte sich diese Form der Maßregelung. Kein Spaß für zartbesaitete Intellektuelle.

Weil die neuen Kollegen einen Ungelernten in ihren Reihen nicht duldeten, schickten sie ihn nach Feierabend auf die Betriebsakademie, damit er dort etwas Ordentliches lernen konnte. So wurde aus dem Geschichtsstudenten ein Schlosser. Kraft eines, wie er es nannte, »grundehrlichen Altstalinisten, dem es schlicht an der perfiden Doppelbödigkeit seiner Genossen mangelte«, bekam der inzwischen fertigausgebildete Schlosser, mithin Angehöriger der Arbeiterklasse, zwei Jahre später wieder eine Studienzulassung und wurde doch noch Historiker. Er ist versöhnt. Seine Zeit im VEB sei im Fegefeuer politischer Abstrafungen ein Glücksfall gewesen im Vergleich zu anderen Maßnahmen, die den Betroffenen ernsthaft schadeten.

Besonders gut gefallen hat mir eine Geschichte, die er eher nebenbei aus der Zeit seiner »Bewährung in der Produktion« erzählte. Sie sagt viel darüber aus, wie DDR-Bürger im Alltag mit der Führungsriege und dem Polittheater des Arbeiter- und Bauernstaates umgingen. Als der Student die Wahl der Konfliktkommission im VEB, einem betrieblichen Gremium zur Schlichtung von arbeitsrechtlichen Streitigkeiten (das manchmal tatsächlich nicht nur Marionettentheater aufführte und Disziplinierungsmaßnahmen aussprach), mit trainiertem Zettelfalten absolvieren wollte, wurde er von den älteren Kollegen scharf gerügt. Es gehe um eine wichtige Entscheidung. Er solle das gefälligst ernst nehmen und in die Kabine gehen. Das sei ja hier schließlich nicht die Volkskammerwahl.

Meine zweite Begegnung war die mit einem Leipziger Mathematiker und Musiker. Dessen Vater hatte bereits einen schwierigen Bildungsweg hinter sich und aufgrund des

Krieges spät mühsam an Abendschulen seinen Schulabschluss nachgeholt und ein Fernstudium gemacht. Doppelt diktaturgestählt, warnte er seinen Sohn, sich nur einer Fachrichtung zuzuwenden, die politisch von vollkommener Belanglosigkeit, aber wirtschaftlich wichtig sei. Nur so habe er eine sichere Grundlage, sein Leben unbehelligt zu führen. Das erinnerte mich an meine Großmutter, die in der DDR jungen Leuten mit ähnlichen Argumenten stets empfahl, Uhrmacher zu werden. So studierte der junge Mann, der mit der klassischen Doppelbegabung Mathematik-Musik ausgestattet war, eine Naturwissenschaft. Doch es zeigte sich bald, dass Talent und Interesse nicht immer korrelieren. Seine eigentliche Berufung galt der Musik.

Aber es war zu spät: Er steckte fest zwischen Quanten und Quadratwurzeln. Noch Jahre später, als der Traum vom Profimusiker längst ausgeträumt war, bemühte er sich auf unterschiedlichste Weise, der Musik beruflich doch noch nahezukommen. Privat bestimmte sie ohnehin einen entscheidenden Teil seines Lebens. Als ihm, dem engagierten Hobbymusiker, Dirigent eines Laienorchesters, dem aktiven Bratscher im Akademischen Orchester und privaten Musiklehrer, die Leitung des neuentstandenen Kabinetts zur Instrumentalerziehung angeboten wurde, eine Stelle vergleichbar mit der eines Musikschuldirektors, stimmte die Fachleitung seiner Akademie dem Wechsel nicht zu. Er hatte zu bleiben. Die Entscheidung kam von ganz oben.

Erst nach der Wende konnte er das ungeliebte Institut an der Akademie der Wissenschaften endlich verlassen und einen neuen Start wagen. Es ist nicht die Musik geworden, aber eine Arbeit, in der er sich wohlfühlt. Er ist heute Leiter des Personalamtes der Stadt Leipzig. Sein Büro befindet sich im prachtvollen wilhelminischen Bau des Neuen Rathauses, das sich genau dort erhebt, wo einst die Pleißenburg gestanden hat. Vom Turm des Neuen Rathauses, der mit 114 Metern als höchster Rathausturm Deutschlands im Guinnessbuch der Rekorde steht, kann man auf einen der ersten Abschnitte der befreiten und zu neuem Leben erwachten Pleiße sehen.

Als ich hörte, wie intensiv sich der Mann neben seiner Arbeit in der DDR seiner Musik gewidmet hatte, fiel mir zum ersten Mal auf, dass das Thema Bildungsbeschneidung eng mit dem der Nische verbunden ist. Das doppelte Leben dieses unfreiwilligen Hobbymusikers könnte als klassisches Beispiel für den bewussten Rückzug ins Private dienen.

Dabei hat es damit gar nichts zu tun. Die schlangenförmigen Lebensläufe vieler an »freier Entfaltung ihrer Fähigkeiten« gehinderter Ostdeutscher waren weit schwieriger, als es gradlinige Karrieren jemals sind und führten oftmals gar nicht erst zu einer. An ihnen wird etwas ganz anderes deutlich. Sie beweisen Kraft, Einfallsreichtum und Wandelfähigkeit. Im Grunde sind sie die radikalste Form von etwas, das das Leben jedes DDR-Bürgers im System bestimmt hat: die Kunst zu improvisieren.

In meinen Augen stellt das einen großen Reichtum dar. An Erfahrung, an Eigensinnigkeit, an Selbstbehauptungsversuchen. Letztlich an der Stärke, sich unter widrigsten Umständen mit dem zu behelfen, was zur Verfügung steht, und daraus etwas zu machen. Diese Fähigkeit, die bei den meisten DDR-Bürgern stark ausgeprägt war, hat den sozialistischen Alltag weitaus mehr bestimmt als jede angebliche Nische.

Die häufigen Brüche in den Biographien mitsamt den dazu gehörigen Wirrungen und Geschichten sind für mich das höchstunterschätzte Gut der DDR-Bürger. Da klafft zwischen Verklärung und Verdammung leider noch immer eine Lücke in der Wahrnehmung. Diese gilt es nach zwanzig Jahren langsam zu füllen. Das Leben hat viele Farben. Auch und gerade in einer Diktatur.

Bezirk Erfurt:
DAS AMPELMÄNNCHEN – AUFERSTANDEN AUS RUINEN

Es ist schon einige Jahre her, da sinnierte jemand in einer Zeitung darüber, welche original DDR-Haushaltsutensilien er noch im ständigen Gebrauch habe. Diese Frage hatte sich mir ehrlich gesagt nie gestellt, aber sie begeisterte mich sofort. Auf der Stelle legte ich den Artikel beiseite und begann meine Küche zu durchsuchen. Ich förderte einigermaßen überrascht Folgendes zutage: einen Handmixer mit orangefarbenem Griff, einen von der Schraubdeckelzeit überholten Milchflaschenverschluss aus hellblauer Plaste, einen Apfelentkerner, zwei Frühstücksmesser mit breiter Klinge und einen Kronkorkenöffner, der zugleich als Flaschenstöpsel dient. Außerdem ein kleines Gerät, das einem bartlosen Schlüsselrohling mit Seitenschlitz ähnelt und dessen Funktion man als Tubenausquetscher beschreiben könnte. Mit EVP 0,75 Pfennig lag er preislich deutlich unter meinem Lieblingsfundstück: einer Fliegenklatsche, die immerhin einst 2 Mark der DDR gekostet hatte.

Das Tolle an dieser Fliegenklatsche war nicht, dass ich sie nach wie vor benutzte – wie viele Fliegenklatschen braucht der Mensch schon im Leben –, sondern dass sie, wie der eingegossene Schriftzug am Griff bewies, aus dem VEB Sprengstoffwerk Gnaschwitz stammte. Es handelte sich um einen typischen Fall von »Bevölkerungsbedarf«. Alle großen Kombinate in der DDR mussten neben ihrer eigentlichen Warenproduktion auch Konsumgüter herstellen. Dinge des täglichen Bedarfs. Rasenmäher, Gasanzünder, Eierbecher. Weckgummis. Fliegenklatschen.

Von diesen Entdeckungen erzählte ich bei einem Besuch in Erfurt, wo Freunde ein paar Nachbarn zum Essen eingeladen hatten. Sofort dachten alle am Tisch ebenfalls angestrengt darüber nach, welche sozialistischen Relikte in ihren Haushalten unbemerkt die Wiedervereinigung überdauert hatten. Das meiste bewegte sich, wie bei mir, im Bereich wenig benutzter Küchengeräte. Einer hatte doch tatsächlich fast 15 Jahre nach dem Mauerfall noch Handfeger, Müllschippe und Besen aus der DDR in Benutzung. »Sind super. Fast wie neu.«

Ein gerade aus Tübingen in die thüringische Landeshauptstadt zugezogener Bekannter nahm einen Schluck aus seinem Weinglas und fragte grinsend: »Ich besitze einen Salz- und einen Pfefferstreuer in Ampelmännchenform. Zählt das auch?«

Daraufhin entbrannte eine leidenschaftliche Diskussion darüber, was es mit der Ampelmannmode in Wahrheit auf sich hat. Der harmonische Teil des Abends war gelaufen.

Man muss es einmal offen aussprechen: Es war nicht alles grau im Osten! Das Ampelmännchen zum Beispiel war grün. Oder rot. Wobei das rote heute etwas weniger populär ist, was mit der ideologischen Vorbelastung dieser Farbe zu tun haben könnte. Oder damit, dass man es »Steher« nennt, wohingegen das grüne deutlich dynamischer »Geher« heißt.

Der Siegeszug des Ampelmännchens, dessen korrekte Bezeichnung natürlich DDR-Fußgängerlichtsignalgeber lauten muss, ist tatsächlich erstaunlich. Seine Geschichte könnte man grob so skizzieren: Ein ganzes Land wird demontiert, Identitäten werden auf den Kopf und wieder auf die Füße gestellt, alles neu gemacht, und dann erhebt sich ein Volk und will sein eigenes Ampelmännchen. Eine Bürgerinitiative gründet sich, gestaltet eine Webseite im Internet und streitet furchtlos gegen die diffamierende Bevormundung in der Ampelfrage. Eine Welle der Anteilnahme erfasst die Deutschen, und das Unfassbare geschieht: Der Protestaufruf fruchtet. Der Ampelmann kehrt nicht nur zurück an die ostdeutschen Kreuzungen, an vielen westdeutschen Ampeln wird der putzige Mann mit Knollnase und Hut nun sogar nachgerüstet. Sieg auf ganzer Linie. Hüben wie drüben, alle lieben das Ampelmännchen. Ob das ein Fluch oder ein Glück ist, darüber wurden wir uns an diesem Abend nicht mehr einig.

Ich hatte ehrlich gesagt nicht erwartet, dass ein einfaches Ampelzeichen die Gemüter derart erhitzen kann, und war überrascht, was sich hinter ihm für Abgründe auftaten.

Schwere Geschütze wurden da aufgefahren. Neben einer Fraktion, die im Ampelmännchen eine Art politischer Ersatzhandlung erkennen wollte, die Wessis die Möglichkeit böte, etwas sowohl für das eigene Gewissen als auch den armen Osten zu tun, und einer anderen, die hier einen Fall von typischer Aufarbeitungs-Vermeidung sahen (schöner Verdrängen mit dem Ampelmännchen, auch im Westen will sich kaum jemand mit den dunklen Seiten der DDR beschäftigen), gab es auch einen Verfechter der wilden Theorie von bundesbeauftragten Werbestrategen, die hier ihre Finger im Spiel hatten, um das schlechte Image der neuen Länder aufzuwerten. Darauf muss man erst mal kommen.

Am besten gefiel mir jedoch der vehemente Einwand, es handle sich bei der Vermarktung des grünen Gehmännchens zwischen Souvenirs und Kinderspielzeug um den

Missbrauch eines Freiheitssymbols, schließlich habe sich der Bürgerprotest, der Mitte der neunziger Jahre alles ins Rollen brachte, gegen staatliche Gleichmachung gerichtet.

Das ist ein gewagter, aber interessanter Gedanke. Er geht darauf zurück, dass die Wiedervereinigung faktisch gesehen ein Anschluss war. Die DDR ist nach Artikel 23 des damaligen Grundgesetzes der BRD beigetreten und hat deshalb natürlich alles dort Vorhandene übernommen – mit dem Effekt, dass der durchschnittliche Westbürger den Unterschied allein am Solidaritätsbeitrag spürte (den man im Osten übrigens genauso entrichtet), sich die Lebensrealität der ehemaligen DDR-Bürger dagegen vom Schnürsenkel bis zum Steuersystem komplett veränderte. Vielleicht wäre dieser Bruch etwas weniger extrem ausgefallen, wenn sich die ebenfalls diskutierte Option einer gemeinsamen staatlichen Neukonstituierung nach Artikel 146 des alten Grundgesetzes durchgesetzt hätte. Vielleicht wäre es auch genauso gekommen und alles hätte sich nur wesentlich länger hingezogen. Wer weiß. Jammern ist jedenfalls unbegründet. Die freien Bürger der DDR entschieden sich im März 1990 bei der Volkskammerwahl mit großer Mehrheit für die CDU, welche klar für die Anwendung des Artikels 23 plädierte. Dem entsprechend beschloss das letzte Parlament der DDR den Beitritt zum Geltungsbereich des Grundgesetzes. Wahrscheinlich war es gut so, denn es brachte die erwartete und, wie ich glaube auch nötige, schnelle und unkomplizierte Lösung. Eine Vereinigung zweier souveräner deutscher Staaten war nie realistisch.

Ich denke trotzdem, dass damals eine Chance vergeben wurde, alte deutsche Probleme gemeinsam ganz neu anzupacken. Eine Neustrukturierung von Beamtenapparat etwa, Schul- oder Steuersystem hätte auch den alten Ländern nicht geschadet und würde heute vielleicht einiges erleichtern. Nicht für die Ostdeutschen, für uns alle. Aber solche Diskussionen, egal, wer sie aufwarf, standen sofort unter dem Verdacht der DDR-Seligkeit.

Darauf, dass sich ihre Umwelt so radikal veränderte, reagierten die Ostdeutschen dann aber doch schockiert. Jedenfalls mit einer gewissen Zeitverschiebung. Denn direkt nach der Wende haben wir zunächst fleißig mitersetzt, ausgetauscht und dafür gesorgt, dass alles verschwand. Mancher erinnert sich noch an die ostdeutschen Straßen, auf denen ganze Hausstände als Sperrmüll abgestellt wurden, weil fast alle den Mief der DDR loswerden wollten. Die neue Einrichtung war zwar nicht zwingend besser oder geschmackvoller, aber dafür aus dem Westen.

Dasselbe Schicksal ereilte die Nahrungsmittel. In Berlin, wo kurz vor der Währungsunion die Kaufhallen, HO- und Konsumläden das übliche DDR-Sortiment für normale Pfennigbeträge, die Westwaren daneben aber für den mehrfachen Preis anboten, blieben die Ostprodukte in den Regalen liegen. Alle wollten das andere kennenlernen. Es ist eine bittere Ironie, dass wir damit selbst nicht unerheblich zum Untergang der ostdeutschen Nahrungsmittelindustrie beigetragen haben.

Der Erneuerungsimpuls der DDR-Konsumenten war verständlich. Westwaren erfüllten gewissermaßen eine ideelle Funktion: Sie waren die unerreichbare Welt jenseits der DDR. Es ging nicht nur um bessere Qualität, sondern auch darum, nicht auf den Osten angewiesen zu sein. Die Wahl zu haben, wo man in Wahrheit keine Wahl hatte. Im Grunde zeigte sich das schon signifikant in den Westpaketen, die Bundesbürger ihren Ostverwandten regelmäßig schickten. Sie enthielten üblicherweise nichts, was es nicht auch in der DDR zu kaufen gegeben hätte: Schokolade, Kaffee, Seife.

Die ganze neue Freiheit mit ihren unendlichen Möglichkeiten erinnert ein bisschen an den Rausch nach einem Lottogewinn. Der Kater kam am Morgen danach. Denn als bald darauf nur noch Neues, kaum Vertrautes mehr da war und das Leben im Westen gleichzeitig auch noch erste Tücken offenbarte, wurde der Wunsch nach Eigenem, nach Bekanntem in all dem Fremden wach. Hier liegt der Grund für das Auferstehen des Ostprodukts.

Wo ein Markt ist, wird mit Angebot reagiert. Das hat man im Osten schnell gelernt. In der Produktwerbung wird entsprechend auf Kontinuität und Vertrautheit gesetzt. In den Slogans fast aller Ostprodukte kommen die Begriffe »Heimat«, »wir«, »noch immer«, »bewährt« und »durchgesetzt« vor.

Das Interessante daran ist jedoch, dass ein Großteil derjenigen Produkte, die heute überhaupt erfolgreich auf dem gesamtdeutschen Markt sind, in Wahrheit gar keine »Ostprodukte« sind.

Echte Ostprodukte fristen meistens ein lokales Nischendasein in den fünf neuen Ländern. Als eine Freundin vor kurzem von Weimar nach München fuhr, hielt der Kollege, der sie in seinem Auto mitnahm, an der letzten Thüringer Tankstelle vor Bayern und kaufte sich eine Stange Karo. »Ich dachte, die gibt's jetzt überall«, sagte die Freundin überrascht.

»Das dachte ich auch mal«, gab der Kollege zurück und erzählte dann, wie er, passionierter Raucher der berüchtigten filterlosen DDR-Zigarette, ein paar Monate vorher bei einem gut sortierten Münchener Tabakhändler Karo kaufen wollte. Der freundliche Herr hinter dem Tresen ließ sich den Namen zweimal sagen, wiederholte ihn selbst und fragte dann höflich interessiert zurück: »Ist das eine ausländische Marke?«

»So könnte man es auch bezeichnen«, erwiderte der Kollege.

Diamant-Fahrräder, Kosmetik von Florena, Knäckebrot aus Burg, Zahnpasta Chlorodont, Radeberger Pilsner sind dagegen den meisten Deutschen heute ein Begriff. Kein Wunder, denn was schon vor dem Krieg einen guten Namen hatte, dessen Chancen standen auch nach der Wiedervereinigung nicht schlecht. Das ist positiv, denn es kurbelt die humpelnde ostdeutsche Wirtschaft an, selbst wenn hinter den Ost-Marken inzwischen oft westdeutsche Großkonzerne stehen.

Das Vorzeigebeispiel schlechthin für ein erfolgreich etabliertes Ostprodukt ist der Rotkäppchensekt. Doch der Perlwein mit der roten Kappe wird bereits seit 1856 in Freyburg an der Unstrut gekeltert. Sein Markenname »Rotkäppchen« ist seit 1894 amtlich eingetragen. Da war an VEBs noch nicht zu denken. Abgesehen davon, wird in der Region Saale-Unstrut seit 998 Wein angebaut. 998 – nicht 1998.

Ich hab mal eine Magnumflasche Rotkäppchen Riesling gewonnen, weil ich gewettet hatte, dass bei einer Quizshow auf die Frage »Welcher berühmte Zug fuhr durch Budapest? – A) Transsibirische Eisenbahn, B) Starlight Express oder C) Orientexpress« die mitratenden Westkandidaten garantiert zuerst auf A) tippen würden. Der Lacher war auf beiden Seiten, denn im Gegenzug tippte der einzige Ossi auf Starlight-Express ... Agatha Christie und der Warschauer Pakt – das wagte keiner zusammenzudenken. Die alten Traditionen Europas wurden an diesem Abend auf dem Tisch der Vorurteile geopfert.

Dabei ist das Klischee, dass wir nichts voneinander wüssten, oft falsch. Mir ist eine Geschichte passiert, die beruhigenderweise das Gegenteil beweist.

Unmittelbar nach der Frankfurter Buchmesse 2003 hatte ich einen Termin in Eberbach am Neckar. Ein bildhübsches, kleines Städtchen mit 15 000 Einwohnern, romantisch gelegen in einer Schleife des Neckars, inmitten der wonnigen Odenwaldhügel. Dorthin fahren nur ein alter Regionalexpress oder die S-Bahn von Heidelberg. Hinter kleinen Fenstern in Fachwerkhäusern dösen die Leute dort vor sich hin. Mitten in der Kurpfalz verschlafen sie das Leben, die Kultur und die Wiedervereinigung sowieso. Sollte man denken – aber das Gegenteil ist der Fall.

Die Lesung fand in einer kleinen Buchhandlung statt, der man sofort die liebevolle Hand der Besitzer ansah. Zwei Etagen, Teppichboden, helles Holz, warmes Licht. Der ganze Raum war voll, selbst auf der Treppe saßen die Zuhörer bis nach oben. Das hatte ich nicht erwartet. Ich las mein übliches Programm, darunter auch die Geschichte meiner Jugendweihe 1985 und die von der Abiturrede 1990. Als ich fertig war, schloss ich wie immer das Buch und legte meine linke Hand darauf. Das vereinbarte Zeichen an die Buchhändlerin, die Lesung für beendet zu erklären und etwaigen Fragen Raum zu geben. Zu meinem Erstaunen entstand nicht die übliche, anfängliche Stille. In Eberbach am Neckar schnellte sofort der Arm einer Dame Mitte fünfzig hoch. Sie fragte mit besorgter Stimme, was ich denn in dem bis zum Abitur verbliebenen Jahr gemacht hätte.

Ich sah sie verwirrt an. »Welches verbliebene Jahr?«

Sie antwortete: »Na, Sie schreiben, Sie hätten 1985 Jugendweihe gehabt und im Sommer 1990 Abitur gemacht. Da fehlt doch ein Jahr.«

»Äh, nein. Da fehlt kein Jahr. Ich habe direkt nach der Oberschule an die Erweiterte Oberschule gewechselt. 1988.«

»Aber ... dann müssten Sie doch 1986 Jugendweihe gehabt haben –«

Ich sah sie offensichtlich so entgeistert an, dass sie sich unterbrach: »Ich wollte Sie nicht belehren, entschuldigen Sie. Ich habe das nur kurz nachgerechnet, weil mein Sohn 1985 Konfirmation hatte, was ja im selben Alter wie die Jugendweihe stattfand, und er hat auch 1990 Abitur gemacht. Aber er ist ein Jahr älter als Sie und ging außerdem dreizehn Jahre auf die Schule, nicht nur zwölf wie in der DDR. Deswegen habe ich vermutet, Sie hätten vielleicht auf Ihren Abiturplatz warten müssen ...«

Ich war verunsichert. Mütter täuschen sich in solchen Dingen selten. Eigentlich bin ich peinlich genau, was Fakten angeht. Ich hatte jedes Datum in meinem Buch geprüft und abgeglichen. War mir ein Fehler unterlaufen? Warum hatte mich vorher noch nie jemand darauf aufmerksam gemacht, wenn es so offensichtlich war? Ich überschlug die Zahlen nochmal. Nachdem ich zur Freude der Eberbacher angestrengt meine Finger zweimal abgezählt hatte, gab es keinen Zweifel mehr. Die Dame hatte recht. Meine Jugendweihe fand gar nicht 1985 statt, wie in den ersten vier Auflagen meines Buchs zu lesen ist, sondern es war tatsächlich 1986. Das musste ich mir ausgerechnet in Baden-Württemberg vorrechnen lassen! Ich war begeistert.

Am nächsten Tag fuhr ich weiter nach Erfurt, wo ich am späten Abend in der Küche von Freunden saß und zwischen Hauptspeise und Nachtisch besagten Ampelmännchenstreit auslöste, der bei Ostprodukten und der Vermarktung von DDR-Emblemen endete. Darüber wenigstens herrschte Einigkeit: Die Symbole der SED-Diktatur dürfen keinen Platz haben als cooles Accessoire in Popkultur und Mode. Dafür war die DDR nicht lustig und harmlos genug.

Bei Ausländern, wandte ich aus Erfahrung ein, müsse man aber manchmal Nachsicht walten lassen. Sie wissen nicht immer, was sie tun. Gemeinsam mit einem Freund ging ich einmal auf der Fête de la Musique in Berlin empört auf eine junge Frau los, die in einer ASV-Jacke herumlief. Wieso sie die Jacke des Armeesportvereins der DDR trage, wollten wir forsch wissen. Ob sie noch alle Tassen im Schrank habe? Sie sah uns erschrocken an, holte dann Luft und verteidigte sich: »Isch 'abe dü Jackü von *marché aux puces*. Sie 'at meinö initiales. ASV – Anne-Sophie Vidal, *c'est mon nom*. So 'eiße isch. War das eine Fäller?« Nachdem wir uns von unserem Lachanfall erholt hatten, rieten wir ihr, die Jacke vielleicht besser nur zu Hause in Frankreich zu tragen.

Der Ampelmann wird gern in einem Atemzug mit FDJ-Blusen-Nostalgie genannt. Ich halte das für abwegig. Der Kult um das Ampelmännchen scheint mir ein ganz eigenes Phänomen, das mit dem dummdreisten Herumtragen von DDR-Staatswappen auf Mützen, Taschen oder Sonstigem nicht verwandt ist.

Das ursprüngliche, geschickt eingefädelte Marketing-Konzept »Komitee Rettet Das Ampelmännchen« eines Ost-Berliner T-Shirt-Ladens hat sich längst verselbständigt. Einmal in den Medien, wurde das putzige Zonensignal plötzlich das, womit niemand gerechnet hatte: ein gesamtdeutscher Superstar. Diesen Status können eigentlich nur zwei andere Ossis vorweisen: Bundeskanzlerin Angela Merkel und der Kapitän der deutschen Fußballnationalmannschaft Michael Ballack.

Der Kult um das Ampelmännchen hat viel mit dem eingängigen optischen Design und noch mehr mit seiner garantierten politischen Unverfänglichkeit zu tun. Letzteres erklärt auch, was das Ampelmännchen hat, das Pittiplatsch, Korbine Früchtchen, dem Leipziger Messemännchen, sämtlichen Bewohnern des Märchenwalds, ja selbst dem unschuldigen Sandmännchen fehlt. Denn wie man es auch dreht und wendet, an dem Fußgängerlichtsignalgeber klebt kein noch so kleiner Verdacht ideologischer Verstricktheit. Er hing einfach nur an der Ampel und gab grünes oder rotes Licht.

Das Ampelmännchen war unpolitisch – doch mit seiner enormen Popularität abseits der Verkehrsampeln hat sich das verändert. Es ist zum Symbol geworden. Zuerst zum Symbol für eigene Identität, dann zum Symbol von Miteinander. Das scheint mir kein Seitenwechsel, sondern ich glaube, das bedingt sich.

Auf dem »einheitspreis – Bürgerpreis zur Deutschen Einheit«, den die Bundeszentrale für politische Bildung seit einigen Jahren vergibt, überblenden sich der Westampelmann und der Ostampelmann. In Weimar hat sich 2004 eine Bürgerinitiative gegen Rechtsextremismus, Fremdenfeindlichkeit und Gewalt das Ampelmännchen in allen Farben auf die Transparente gemalt. Für bunte Vielfalt statt brauner Einfalt.

Je länger ich darüber nachdenke, desto schöner finde ich das. Der kleine Mann mit Hut weckt versöhnliche Seiten.

Außerdem hat die ganze Piktogrammdiskussion etwas vollbracht, das sowohl im Westen wie im Osten als auch im wiedervereinigten Deutschland noch immer viel zu selten ist: Der deutsche Amtsschimmel ist über seinen Schatten gesprungen und hat Phantasie und Sinn für Humor bewiesen. Unmöglich? Man fahre nach Erfurt. Dort hängen bis heute Ampelmännchen in »Erweiterungs-Motiven« an den Kreuzungen. Als Wandersmann mit Stock und Rucksack, als fröhlicher Eisesser, als Spaziergänger mit Schirm unter winzigen, herabfallenden Regentropfen. Diese liebevollen Modifikationen des grünen Zeichens (die roten dürfen aus Sicherheitsgründen nicht verändert werden) lassen an heimliche Bürgerstreiche denken, wurden aber tatsächlich 1996 von Mitarbeitern der kommunalen Stadtbeleuchtung Erfurt offiziell als Werbeaktion für den Erhalt des ostdeutschen Ampelmännchens ausgedacht und umgesetzt. Eigentlich hätten sie später demontiert werden müssen, aber das hat wohl niemand über's Herz gebracht. Auch nicht die Beamten.

Damit nicht genug. Das Erfurter Beispiel hat Schule gemacht. In Zwickau und Dresden wurden vor zwei Jahren die ersten Ampelmädchen installiert. Leicht zu erkennen an Zöpfen und Röcken. Wenn das kein hoffnungsfrohes Signal ist ...

Ein paar Monate später erschien bei der Büchergilde Gutenberg eine Lizenzausgabe von *Meine freie deutsche Jugend* mit eigener Umschlaggestaltung. Als ich das Autorenexemplar auspackte, traute ich meinen Augen nicht. Auf einem eleganten schwarzen Einband prangten neben dem Titel des Buches, meinem Namen und dem des Verlagshauses zwei Ampelmännchen. Eins rot, eins grün.

Beides Geher.

Bezirk Dresden: *STERN DES OSTENS*

Ich schrieb einmal, ich sei zutiefst atheistisch erzogen. Bei einer Lesung wies mich jemand darauf hin, dass das theologisch nicht möglich sei. Man könne nur zum Glauben, nicht dagegen erzogen werden. Ich lächelte ihn an und sagte: »Da täuschen Sie sich. Wenn man, wie ich, unter lauter Gläubigen groß geworden ist, geht das sehr wohl.« Ich glaube, meine Antwort hat ihn etwas verwirrt.

Dabei hatte sie nichts Kokettes. Viele Bekannte und Freunde meiner Mutter waren Pfarrer, junge Christen, Spätgetaufte. Das brachte das politische Umfeld in der DDR so mit sich. Der Vater einer Freundin pflegte entsprechende kindliche Fragen stets mit einem knappen Fingerzeig gen Himmel zu beantworten: »Und, siehst du wen? Na, also!«

Meine Mutter ging da mit mir weit weniger pragmatisch ins Geschäft. Sie versuchte es mit der kulturhistorischen Schiene. Sie erzählte mir, dass Jesus ein Zimmermann war, der Gutes wollte, und dass Weihnachten eine schöne Tradition sei, an der die Menschen hingen. Gott ließ sie geschickt aus dem Spiel und den christlichen Hintergrund von Ostern sicherheitshalber ganz weg. Sie wusste, dass ich empfindliche Nerven hatte. Über unseren Pfarrer sagte sie, dass er allen Menschen in Not helfe. »Keiner geht ungetröstet von ihm.« Das probierte ich aus, als eines Tages mein Fahrrad schlapp machte. Wohl weil der Weg zur Kirche kürzer als der nach Hause war, entschied ich mich, den Herrn Pastor um Hilfe zu bitten. Ich brachte ihm mein kaputtes Vehikel, begründete die ungewöhnliche Werkstattwahl mit der Erklärung meiner Mutter und bat ihn um sofortige Reparatur. Ich wurde nicht enttäuscht. Der Pfarrer gab sein Bestes. Aber die weltlichen Dinge waren seine Sache nicht. Irgendwann kapitulierte er ölverschmiert und fuhr mich samt Rad im Auto heim. Immerhin, er hatte versucht, mir zu helfen. Und mich getröstet. Das stimmte also. Wenn man so will, war das meine erste Begegnung mit Gott. Ich war sechs Jahre alt.

Vielleicht hätte dieses positive Erlebnis nachhaltiger meinen Glaubensweg beeinflussen können, wäre meine Großmutter mit mir nicht immer nach Polen gefahren. Weil sie leider gar kein pädagogisches Händchen besaß, schleppte sie mich, seit ich laufen konnte, in jede zu besichtigende Kirche. Ich war starr vor Angst. Die blutrünstigen Bilder und der malträtierte Mann am Kreuz mit seinem schmerzgeplagten Gesicht raubten mir den Atem. *Damit* wollte ich nichts zu tun haben.

Als ich älter wurde, lernte ich, was das alles bedeutete, und begann zu abstrahieren. Aber es war zu spät. Ich war Mitte zwanzig, als ich zum ersten Mal allein eine leere Kirche betreten konnte. Noch heute muss ich immer für einen Augenblick die Luft anhalten. Nur wenn viele Menschen im Raum sind, ist es anders. Zu Weihnachten zum Beispiel.

Zu Weihnachten ging und gehe ich immer gern in die Kirche. Nicht wegen des Krippenspiels. Das hat mich mit seinen dilettantischen Darstellern schon als Kind gelangweilt. Nein, wegen der Lieder. Ein Umstand, der auf meine zwar nicht sehr musikalische, aber umso sangesfreudigere Mutter zurückgeht. Ihre klare Stimme kann nur schwerlich darüber hinwegtäuschen, dass sie sich keine Melodie merkt. Beim Adventssingen aber fällt sie damit nicht auf. Fehlende Tonfolgen gleicht sie einfach durch Inbrunst aus. Wie der Rest der Gemeinde. O du fröhliche. So saß ich einmal pro Jahr in der Kirche und betete ein Vaterunser, stolz darauf, dass ich es konnte. Ich hatte es in der Christenlehre gelernt, wohin mich meine Freundin oft mitnahm. Das gefiel mir. Es war nicht so offiziell wie der Pioniernachmittag, und außerdem gab es immer Westsüßigkeiten. Warm geworden mit Gott bin ich aber auch da nicht. Es ist mir immer eine Skepsis geblieben.

Trotzdem war Weihnachten für mich stets eng mit der Kirche verbunden. Was tautologisch klingt, ist es für ein Kind aus dem Osten durchaus nicht. Natürlich wurde in der DDR Weihnachten gefeiert (und zwar unter diesem Namen und nicht als wie immer umgetaufte Jahresendveranstaltung). Wir hängten bunte Glaskugeln an Tannen, mussten Gedichte aufsagen und wurden dafür mit Geschenken belohnt. Auch Ostkinder zwangen ihre Mütter auf überfüllten Weihnachtsmärkten zum Kauf von Schmalzgebäck und kandierten Äpfeln oder standen mit großen Augen vor dem bärtigen Mann im roten Mantel. Mein Vater ging deswegen übrigens nicht gerne in der Adventszeit vor die Tür und schon gar nicht auf solche Jahrmärkte. Die Kinder hielten ihn wegen seines langen Bartes immer für eine Art Nikolaus inkognito und brüllten manchmal vor Angst los.

Doch Weihnachten war ein reines Familienfest, nicht die Geburtstagsfeier des Herrn. Oder wie »Briefe an Freunde« es für den empfohlenen Gebrauch in Korrespondenzen mit russischen Schülern ausdrückte: »Wundere Dich nicht, dass wir Weihnachten feiern. Es ist heute vor allem ein Volksfest.«

Die nicht zu verwischenden Spuren seiner christlichen Herkunft, wie die unausrottbaren, traditionellen Kirchenlieder oder die alljährliche Schar der Engel, tolerierte man. Wo es der Reim zuließ, wurde im Kinderchor zwar schon mal das »Christkind« gegen die unverfänglichere »Weihnacht« ausgetauscht (etwa in »Leise rieselt der Schnee«), aber damit beschied man sich. Im Grunde wurde nach einem bewährten Prinzip gehandelt: Was man nicht unterbinden kann, muss man sich zu eigen machen. Und das tat die DDR, in dem sie an Weihnachten vor allem die agitatorisch günstige Friedensbotschaft und den folkloristischen Aspekt hervorhob, den christlichen aber, soweit es ging, unter den Gabentisch fallen ließ (was der heute viel diskutierten Art der Weihnachtsvereinnahmung durch bloßen Konsum nicht ganz unähnlich ist ...). Selbst im offiziellen FDJ-Liederbuch *Leben – Singen – Kämpfen* finden sich immerhin ganze sieben Weihnachtslieder, von denen nur eins ein traditionelles ist: »O Tannenbaum«. In ihnen ist die Rede von heiliger Nacht und Trost, ja selbst der Weihnachtssegen kommt vor. Gott oder Christus allerdings tauchen in keinem der Verse auf.

Mein Weihnachtsglück hing neben dem Singen in der Kirche immer sehr an den Lichtern. Meine Mutter besaß einen großen gelben Papierstern, der mit einer Glühbirne beleuchtet wurde und genau wie die dutzendfach gezackten Riesensterne aussah, die zur Adventszeit oft über dem Altar in Kirchen strahlten. Bei uns wurde er meist schon Anfang November ins Fenster gehängt. Sein warmes Licht, der Schnee auf dem Strohdach unseres Waldhäuschens, die Gemütlichkeit der ersten dunklen Winterabende sind für mich bis heute der Inbegriff von Geborgenheit.

Als wir nach Berlin umzogen, hängte meine Mutter diesen Stern in Ermangelung einer Lampe in den Erker. Dort blieb er einfach und leuchtete uns über zwanzig Jahre lang durch alle Monate.

Der Stern, das weiß ich heute, war ein Original Herrnhuter. Ein klassischer 16er aus Papier. Diese Sterne sind nicht einfach nach dem gleichnamigen Städtchen Herrnhut im ehemaligen Bezirk Dresden benannt, sondern nach der Herrnhuter Brüdergemeinde, die dort seit Anfang des achtzehnten Jahrhunderts ihren Stammsitz hat. Beide, Ort und Gemeinde, gehören unauflöslich zusammen. Der damalige Gutsherr, Nikolaus Ludwig Graf von Zinzendorf, bot den protestantischen Glaubensflüchtlingen aus Böhmen und Mähren auf seinen Ländereien am Fuße des Hutbergs Asyl. So wurde 1722 Herrnhut gegründet.

Die Geschichte der Sterne ist schnell erzählt. Als christliche Kirche hat die Herrnhuter Brüdergemeinde, die sich selbst Brüdergemeine nennt, naturgemäß einen starken Anspruch der Glaubensverbreitung.

Viele Herrnhuter Brüder und Schwestern gingen deshalb als Missionare in die Welt. Ihre Kinder lebten während der Abwesenheit der Eltern in dafür eingerichteten Heimen der Kirche. Es kursieren zwei Versionen, warum im neunzehnten Jahrhundert von den Schülern dort die ersten Herrnhuter Sterne mit Schere und Papier gebastelt wurden. Manche sagen, es sei darum gegangen, den Kindern in der wichtigen Adventszeit die Trennung von der Familie zu erleichtern – andere behaupten, der Mathematiklehrer habe den Kindern ursprünglich nur den Körper eines Polyeders veranschaulichen wollen. Ob Trost oder Geometrie – der schöne Stern mit der fehlenden obersten Zacke fand sofort Gefallen und war schon um 1900 auch außerhalb Herrnhuts so gefragt, dass in einer kleinen Werkstatt begonnen wurde, ihn serienmäßig anzufertigen. Seitdem hat er sich stark verbreitet und leuchtet inzwischen als »moravian star« in protestantischen Kirchen, Häusern und Weihnachtsmärkten rund um den Globus. Jeder Einzelne von ihnen ist bis heute von Hand zusammengesteckt. In Herrnhut in der Oberlausitz.

Als sich durch Zufall herausstellte, dass einer meiner Nachbarn und einige seiner Freunde aus Herrnhut stammen, interessierte mich das sehr. Ich wusste eigentlich nur, dass der Adventsstern aus Herrnhut kam, von der Brüderunität hatte ich bis dahin nie gehört. An einem fröhlichen Abend auf der nachbarlichen Dachterrasse erfuhr ich zum ersten Mal von Zinzendorf, der streng pietistischen Tradition der Gemeinde, der früheren Kleiderordnung, den alljährlichen Losungen. Ich hörte Geschichten vom Lavieren zwischen Abschottung in der Frömmigkeit und Anpassung an die DDR-Wirklichkeit. Von knapp der Verstaatlichung entgangenen gemeindeeigenen Betrieben und davon, dass, zu meiner ausgesprochenen Überraschung, in einer solchen Herrnhuter Textildruckerei die Aufnäher »Schwerter zu Pflugscharen« hergestellt worden waren. Durch den Druck auf Stoff statt Papier umging die evangelische Kirche, der die Herrnhuter Brüdergemeinde mit ihrer lutherischen Ausrichtung angegliedert ist, damals das Einholen der sonst unerlässlichen Vervielfältigungsgenehmigung durch die DDR-Behörden. Ich war bisher immer davon ausgegangen, dass es sich bei den Aufnähern um Auftragsschmuggel gehandelt hatte. Ganz so, wie ich es von den Texten vieler ostdeutscher Schriftsteller und Dissidenten kannte. Sie wurden im Westen gedruckt und dann heimlich zwischen alten Kleidern und Autositzen wieder in den Osten zurückgeschleust.

Wir redeten später an diesem Abend lange allgemein über christliches Leben in der DDR. Im Gegensatz zu den anderen, die aus religiösen Elternhäusern stammten, kannte ich es eher als geneigte Zuschauerin. Wir erzählten von Rüstfahrten, Bluesmessen und Friedenskreisen. Der geistige Freiraum, den die Gemeinden boten, war für politische oder gesellschaftliche Außenseiter jeder Art in der DDR ein Geschenk. Mit Hingabe an Gott hatte das nicht immer viel zu tun.

Der Einfluss der Kirche auf das Seelenbefinden der Ostdeutschen sollte im Nachhinein weder über- noch unterschätzt werden. Wenn die Familie es nicht vorgab, spielte Religion im Alltag keine Rolle.

Vermutlich sah die SED-Obrigkeit im Christentum und der Arbeit der Kirchen so etwas wie eine unbehandelbare, schwärende Fußwunde, welche den Vormarsch des Sozialismus zwar empfindlich störte, aber nicht aufhalten sollte. Doch wie die Geschichte gezeigt hat, kann eine schleichende Entzündung am Ende eben leicht zum kompletten Kollaps des Körpers führen.

Zurückgeblieben ist ein Volk voller Ungläubiger. Das Gebiet der DDR, das weitgehend dem protestantischen Stammland entsprach, gilt heute neben Tschechien als der atheistischste Landstrich der Welt. Nirgendwo anders haben die Menschen Gott so gründlich vergessen.

Die daran festgehalten haben, mussten ihre Religion gegen starken Widerstand verteidigen und meistens große Repressalien in Kauf nehmen. Die Kinder wurden ausgegrenzt und bedrängt, ihre Ausbildung systematisch boykottiert. Das Familien- und Gemeindeleben wurde massiv überwacht. Als ich in den achtziger Jahren in die Schule ging, galten Christen den meisten Mitschülern und Lehrern als unverbesserlich Zurückgebliebene jenseits der Wirklichkeit. Das war geradezu harmlos im Vergleich zur offenen Ablehnung und Diskriminierung der vorangegangenen Jahrzehnte. Selten sah die DDR-Realität so harmonisch aus wie in einem Lieblingswitz meiner Großmutter, wo der Bürgermeister eines kleinen Dorfes dem Pastor droht, dass er ihm, wenn er weiter so linienuntreu predigt, zukünftig nicht mehr die Genossen zum Kirchenchor freistellen werde, worauf der Pastor antwortet, dass der Herr Bürgermeister sich dann aber auch nie wieder die Kirchenstühle für die Parteiversammlung ausleihen dürfe.

Weil ich ohnehin lange mit einem eigenen knallroten Herrnhuter Stern geliebäugelt hatte, beschloss ich nach dem Abend bei meinen Nachbarn, einen Ausflug nach Herrnhut zu unternehmen und mir bei der Gelegenheit auch gleich Ort und Gemeinde anzuschauen. Eine Bekannte meiner Nachbarn stellte sich mir freundlicherweise als Fremdenführerin zur Verfügung.

Es war ein verregneter, aber hochinteressanter Nachmittag, an dem mich Schwester Barbara am Zinzendorfplatz, dem kleinen hufeisenförmigen Mittelpunkt des Ortes, erwartete. Der Zinzendorfplatz wird gerahmt von alten, schönsanierten Häusern, die alle zur Brüdergemeinde gehören und früher wichtige Funktionen hatten. Das Witwenhaus, das Haus der ledigen Schwestern, das der ledigen Brüder, das Pilgerhaus. Auf dem Zinzendorfplatz selbst befindet sich auch das zentrale Bauwerk von Herrnhut: der Kirchsaal. Es ist nicht das Original, das ist 1945 bis auf die Mauern abgebrannt und mit Spenden Anfang der fünfziger Jahre wieder errichtet wurde. Mit seiner in einem warmen Gelb gestrichenen Fassade, dem rotem Ziegeldach und dem kleinem Türmchen bildet er das Zentrum des Ortes ebenso wie das der Gemeinde. Dort gingen wir zuerst hin. Meiner alten Ängste eingedenk versuchte ich ruhig zu atmen – und war überrascht: Schwester Barbara hatte mir zwar bereits erklärt, dass es in der Brüdergemeinde keine traditionellen geweihten und üppig dekorierten Kirchen gibt, aber die kompromisslose Schlichtheit des so genannten Versammlungsraums war dennoch verblüffend. Statt eines Altars stand zwischen den hohen Fenstern nur ein tannengrün bezogener Stuhl vor einem kleinen Tisch mit gleichfarbiger, bodenlanger Tischdecke. Der Liturgus-Tisch. Ansonsten war alles strahlend weiß. Die quergestellten Bankreihen, die Wände, die Orgelempore, die Orgel selbst, die Fensterrahmen, die Gardinen, der Fußboden und natürlich der Herrnhuter Stern, der elegant von der Decke herabhing. An den Fenstern standen üppige Blumensträuße. Sie brachten Farbe in den stillen großen Raum, in dem sich außer uns niemand befand. Vermutlich bin ich protestantisch geprägt oder einfach atheistisch romantisch, aber als ich in diesem weißen Saal stand, dachte ich, dass, wer Gott hat, keinen Pomp braucht.

Etwas abseits hinter dem Zinzendorfplatz liegt der Gottesacker, der Friedhof der Herrnhuter. Auch er ist ungewöhnlich. Ein Weg führt hinauf auf den Hügel, ein alter Steinbogen bildet den Eingang. Ich hatte kurz das Gefühl, eine andere Welt zu betreten. Begrenzt wird der alte Gottesacker von einer langen Hecke, am Rand der Wege stehen, soldatisch aufgereiht, kurzgeschnittene Linden. Trotz des anhaltenden Nieselregens spazierten wir eine Stunde über diesen Friedhof, auf dem seit 1730 die Gemeindemitglieder beigesetzt werden. Auf allen Gräbern liegen flache Steine mit Namen und Lebensdaten, es gibt einen Bereich für die

Brüder, einen für die Schwestern. Familiengrabstätten kennen die Herrnhuter nicht. Es hat etwas von einem bizarren, historischen Park.

Am meisten beeindruckten mich an dieser Herrnhuter Besichtigungstour, auf dem ich so große Gastfreundlichkeit erfuhr, jedoch die Lebensläufe. Schwester Barbara erzählte mir während des Rundgangs auf dem Gottesacker, dass auf den Beerdigungen der Gemeinde ein Lebenslauf des Toten verlesen wird. Das ist auch in anderen christlichen Kirchen üblich – das Besondere bei den Herrnhutern besteht allerdings darin, dass diese Niederschriften von den Verstorbenen zuvor selbst verfasst wurden. Es ist eine Tradition. Glaubenszeugnis und Lebensbeschreibung in einem. Sie können zwei Seiten lang sein oder zweihundert. Man erzählt, was man für erzählenswert hält. Mehrere 10 000 solcher autobiographischer Aufsätze haben sich im Herrnhuter Unitätsarchiv mittlerweile angesammelt. Sie werden sorgsam verwahrt, in Regalen nach Jahrgängen sortiert, hinter dicken Sicherheitstüren. Die ältesten stammen aus der ersten Hälfte des achtzehnten Jahrhunderts. Das reizte sofort meine Phantasie. Was für ein Schatz. Ein riesiger Raum voller wahrer Geschichten.

Bevor ich am Abend wieder in Richtung Berlin aufbrach, gab ich meiner Leidenschaft für weihnachtliche Beleuchtung nach und plünderte den Fabrikverkauf der Sternenmanufaktur. Ich konnte nicht anders. Am Ende fuhr ich mit nicht weniger als sechs unterschiedlich großen Innen- und Außenleuchtern sowie einer sagenhaften Lichterkette zurück nach Hause.

Auch wenn die Brüdergemeinde noch immer hier ihren Stammsitz hat, ist Herrnhut längst nicht mehr in der Hand der Brüder und Schwestern. Das Städtchen, das seine Berühmtheit einer Gruppe christlicher Schwärmer verdankt, ist mittlerweile ein ganz normaler Ort in Sachsen. Heute gehört nur noch ein Drittel der Herrnhuter Bevölkerung der Brüdergemeinde an. Auch in Herrnhut hat die Zwangssäkularisierung der DDR ihre Spuren hinterlassen.

Wenn man sich vergegenwärtigt, wie viele Jahrhunderte der christliche Glauben unser Land geprägt hat, dann ist es erstaunlich, wie schnell diese Bindung zerreißen konnte.

Als meine Mutter 1952 geboren wurde, war ihre Taufe noch ganz selbstverständlich – obwohl ihr Vater damals in verantwortlicher Funktion im Staatsapparat tätig war. Als ich nicht einmal zwanzig Jahre später am selben Ort als Tochter eines Marineoffiziers zur Welt kam, war das bereits völlig undenkbar. Der verordnete Atheismus hatte die Gesellschaft in der zweiten Halbzeit der DDR schon zu stark geprägt. Meine Eltern haben auf meine Taufe nicht aus Karriererücksichten verzichtet, sie dachten gar nicht darüber nach. Es gab 1971 in ihren Augen keinen Grund, mich taufen zu lassen.

Als ich mit 14 auf Nachtaufe und Konfirmation verzichtete, was eine Alternative zur Jugendweihe hätte sein können, tat ich es nicht wegen der traumatischen Polenreisen mit meiner Großmutter und nicht aus Glaubenszweifeln. Ich tat es aus Respekt. Ich belog lieber Honecker als Gott. Sicher ist sicher. Man weiß ja nie. Ich habe keine Sicherheit. Nicht für Gott und auch nicht gegen ihn.

Nur ein einziges Mal habe ich gebetet. Ich saß in einem Flugzeug und war auf dem Heimweg von Santiago de Chile. Dort sind so genannte Mandas üblich. Die Leute erbitten etwas von Gott oder seiner Gefolgsschar und versprechen bei Erfüllung eine irdische Gegenleistung. Die Tante meiner Freunde trug zum Beispiel aus Dank für die Heilung ihres schwerkranken Ehemannes ein ganzes Jahr lang ausschließlich hellblaue Kleidung. Ein komischer Tausch – aber er hat funktioniert. Ich fand das amüsant, weil es so geschäftlich daherkommt. Gibst du mir, geb ich dir. Als wäre Gott eine Art Vertragspartner.

Kurz vor den britischen Inseln gerieten wir in ein so starkes Unwetter, dass selbst die Stewardessen hektisch wurden. Sie brüllten herum, als Passagiere ihre Sitze nicht hochstellen wollten, und schnallten sich schließlich, sichtlich bleich, auf ihren Plätzen an.

Ich saß nervös auf meinem Fensterplatz in dem bedrohlich schwankenden Flugzeug und dachte: Okay, das war's jetzt, oder das war es nicht. Du kannst nichts mehr tun. Außer beten.

Also habe ich gebetet. Das erste Mal im Leben. Genau genommen habe ich eine Manda gemacht. An Maria. Eine Mutter um Beistand zu bitten schien mir passend. Immerhin ging es um Leben und Tod. Mit gefalteten Händen und bebendem Herzen versprach ich, jeden Monat für sie eine Kerze anzuzünden, wenn sie mich hier heil herausbrächte.

Um 6.30 Uhr landeten wir durchgeschwitzt, aber sicher in London-Heathrow. Zu meiner Schande muss ich gestehen, dass ich mein Versprechen nicht gehalten habe. Nicht richtig jedenfalls. Natürlich habe ich Hunderte Kerzen angezündet, aber nur zwei Mal habe ich dabei an die Heilige Jungfrau gedacht. Ich kenne sie eben nicht sehr gut …

Aber vermutlich war dieses Erlebnis trotzdem einer der Gründe, warum ich in den letzten Jahren ab und zu etwas tue, das ich früher nie gemacht hätte: Ich gehe in eine Kirche, zünde eine Kerze an und bedanke mich. Für all das Gute, die Gesundheit meiner Familie und die glücklichen Begegnungen, die mir geschenkt wurden. Ich habe keine

Erklärung dafür, aber es ist mir manchmal einfach ein Bedürfnis.

Zweifellos ist eben nichts. Auch nicht die Ungläubigkeit.

Bezirk Karl-Marx-Stadt: *WENDECHANCEN UND LOTTOGLÜCK*

Es ist noch nicht lange her, da weilte ich auf Einladung einer Stiftung ein halbes Jahr lang in Nordrhein-Westfalen. Über dieses Stipendium, das mich in einen kleinen Ort auf halber Strecke zwischen Münster und Gronau führte, hatte ich mich sehr gefreut, denn es sicherte mir nicht nur eine Zeit lang den Lebensunterhalt, sondern bot mir auch Gelegenheit, etwas nachzuholen, dass ich schon sehr lange vorhatte: die alte Bundesrepublik von innen kennenzulernen.

Nachdem ich auf dem großen Gutshof angekommen war, Computer, Katzen und Kerzenständer ausgepackt hatte, schlenderte ich langsamen Schrittes zum örtlichen Supermarkt. Der erste Mensch, auf den ich dort traf, ob man es glaubt oder nicht, war ein ehemaliger Volkspolizist aus einer sächsischen Industriestadt, der sich 1961 mit eigenen Händen am Mauerbau beteiligt hatte, später in der DDR im Lotto gewann, sich davon einen Wolga kaufte, Ende der achtziger Jahre unter Schwierigkeiten die entsprechende Qualifikation nachholte, um endlich den Sprung vom Hauptmann zum Major zu schaffen, dessen Söhne leider zur selben Zeit über die ungarische Grenze in den Westen abhauten, woraufhin er natürlich vom Dienst suspendiert wurde, dann aber, durch die Wirren der Wende nicht weiter behelligt, nach dem Mauerfall noch im November mit Frau, Tochter und Dienstwaffe kurzerhand hinterherfloh, im Westen sogleich Arbeit fand, dann noch einmal im Lotto gewann und jetzt im eigenen Haus kurz vor der holländischen Grenze mit Chow-Chows und Familie den Ruhestand genießt …

Nein, ich habe ihn nicht gesucht. Er stand ohne mein Zutun vor dem Regal mit den Milchprodukten, wo ich nach saurer Sahne Ausschau hielt. Ich bemerkte ihn erst, als er seine ebenfalls zwischen Joghurt und Quark kramende Ehefrau lautstark fragte:

»Muddi, homd'n mir äjschentlisch genuch Geese daheeme? Isch gann ooh noch wos holn von däm Obgeboggten.«

Beides traf mich tief ins Familienstammbuch. Der obgeboggte Geese genau wie die Muddi. Sie im auberginefarbenen Anorak, er im türkisen Maschinenstrickpulli. Seine zweifarbige Lederjacke hing, wie ich später bemerkte, über dem Einkaufswagen.

Weil ich nicht widerstehen konnte, fragte ich Mutti nach der sauren Sahne. Sie half mir freundlich. Gerade wollte ich mich abwenden, als mir ihr Mann plötzlich seine geöffnete Hand entgegenstreckte und grinsend forderte:

»Däs mocht fönf Oiroh. Förde Ausgunft, junge Frau.«

Ich sah ihn fragend an. Er, strahlend weil ihm sein Scherz so gut gefiel, setzte nach:

»Und wennse nich zahln, gomm isch Ihn' mitm Onwolt.« Er fuchtelte mit seinem Zeigefinger.

Jetzt begriff ich. Ich zog eine Augenbraue hoch und näherte mich ihm bedrohlich auf zwei Schritte.

»Woher wollen Sie wissen, dass ich nicht selbst Anwältin bin? Vorsicht. Sehen Sie sich lieber vor, wem Sie im Supermarkt mit Klagen drohen!«

Einen winzigen Moment entglitten ihm die Gesichtszüge, dann brach er in schallendes Gelächter aus und erzählte mir auf der Stelle einen Witz, in dem ein Volkspolizist kurz nach der Wende einen rasenden westdeutschen Anwalt stoppt und ihm ein Knöllchen verpassen will (was natürlich schiefgeht).

»Woher kommen Sie?«, fragte ich.

»Zwiggau«, antwortete er und schob ein offenbar gewohnheitsmäßiges »däs liescht in Sochsen« hinterher. Bei diesen Worten schwoll seine Brust stolz an, was mich sofort für ihn einnahm. Selbstverständlichkeit ist leider selten ein Gefühl, das Ostdeutsche vermitteln, wenn sie über ihre Herkunft sprechen. Meist klingt, was an sich nur eine Auskunft sein sollte, eher wie ein Geständnis. Manchmal denke ich, Komplexannahmestellen wären heute gar nicht so schlecht.

»Se mössnmer nisch erglärn, wo däs liescht. Isch genn Zwiggau«, sächselte ich zurück. Sofort kam Wärme in sein Gesicht, und auch seine Frau sah mich nun erwartungsvoll an.

»Ich bin aus Berlin. Prenzlauer Berg.«

Daraufhin legte mir mein neuer sächsischer Freund aus dem Münsterländer Supermarkt in großer Geistesgegenwart seine Hand auf den Arm und fragte mitfühlend: »Ohhh, des dud mir leid – isn die Vorsorgungslorge der Bevölgerung indor Hauptstadt immor noch nisch bessor?«

Wie bitte?

»Nu, wennse ärscht bis hierhär fohrn müssn, um einzugaufen!«, sagte er und freute sich, dass ich ihm nun doch noch auf den Leim gegangen war. Ich dachte an die Sachsen, die früher täglich in Schwärmen unsere gutgefüllten Berliner Kaufhallen verstopft hatten, um wenigstens einmal im Jahr an Diesunddas oder Soundso zu kommen, und verzieh ihm sofort.

Wir gerieten ins Plaudern, und als wir die Kasse des Supermarkts erreicht hatten, kannte ich seine gesamte

Lebensgeschichte. Von der Zwickauer Mulde zu den Auen der Vechte. Von Tele-Lotto bis Hundezucht, von Mauerbau bis Fahnenflucht. Ein wilder Strauß von Unwahrscheinlichkeiten – und trotzdem alle wahr.

Es ist eine hübsche Pointe. Von all den Begegnungsmöglichkeiten, die es beim ersten Einkauf am Anfang meines ersten langen Westaufenthalts gegeben hätte, läuft mir ausgerechnet ein Zwickauer Volkspolizist über den Weg – vermutlich der Einzige im Umkreis von 300 Kilometern.

Ein paar Monate später erzählte ich diese Geschichte in Berlin einer Freundin. »Das ist doch unglaublich, oder?«

»Ja«, antwortete sie und nickte beeindruckt, »das kann man wirklich kaum glauben. Der hat doch tatsächlich zwei Mal im Lotto gewonnen!«

Überrascht sah ich sie an. Ich war vom Zufall des absurden Zusammentreffens so fasziniert gewesen, dass ich das doppelte Lottoglück des Mannes gar nicht richtig zur Kenntnis genommen hatte.

Angeblich ist es ja wahrscheinlicher, vom Blitz getroffen zu werden, als einen Sechser im Lotto zu haben. Ich kann das kaum glauben, weil ich mehrere Leute kenne, die im Lotto gewonnen haben, aber niemanden, der vom Blitz getroffen wurde. Allerdings war, wenn ich es recht bedenke, auch nur einmal ein echter Sechser dabei. Die anderen zählen dann vielleicht gar nicht.

Während wir uns über Lottogewinne unterhielten und darüber, was wir damit machen würden, fiel mir plötzlich auf, dass die schönste Lottogeschichte, die ich kenne, ebenfalls einem Zwickauer passiert ist. Ich erzähle sie gerne, wenn es um das Nutzen von Chancen nach der Wende geht.

Zwickau, eine mittelgroße Stadt an den Ausläufern des schönen Erzgebirges, lag zu DDR-Zeiten im Bezirk Chemnitz, formerly known as Karl-Marx-Stadt. Diese Region ist Heimat der zwei berühmtesten DDR-Produkte schlechthin: Katharina Witt vom SC Karl-Marx-Stadt, genannt Gold-Kati, und der PKW Trabant aus dem VEB Sachsenring Automobilwerke Zwickau, genannt Pappe. Katharina Witt war schon vor der Wende ein Star in Amerika, der letzte Trabi rollte im Frühjahr 1991 in Zwickau vom Band. Ziemlich genau drei Millionen Stück waren insgesamt produziert worden. Mit der Abwicklung des VEB Sachsenring ging in Zwickau eine fast hundert Jahre alte Autobau-Tradition zu Ende. Die ursprüngliche »August Horch Automobilwerke GmbH«, die schon 1910 in »Audi Automobilwerke« umbenannt wurde, war zwar 1948 auf dem Gebiet der sowjetischen Besatzungszone verstaatlicht worden und musste sich zwangsweise in Ingolstadt neu gründen, doch Autos wurden in Zwickau weiterhin hergestellt. Das ist nun endgültig vorbei. Die heutige Sachsenring Automobiltechnik GmbH hat lediglich Namen- und Patentrechte erworben, das Unternehmen ist ein reiner Zulieferer mit weniger als dreihundert Mitarbeitern. Es ist unmöglich, gesicherte Zahlen darüber zu bekommen, wie viele Arbeitsplätze insgesamt in der sächsischen Automobilbranche verloren gegangen sind seit 1990. Das Großkombinat IFA Pkw Karl-Marx-Stadt (zu dem der VEB Sachsenring gehörte) umfasste in Frankenberg, Zwickau, Eisenach und Karl-Marx-Stadt 35 Betriebe mit etwa 65 000 Mitarbeitern. Es ist kaum anzunehmen, dass die Statistiken dort anders ausfallen als etwa beim Magdeburger Schwermaschinenbau-Kombinat »Ernst Thälmann«, genannt SKET, wo von ehemals 30 000 Beschäftigte noch 680 Mitarbeiter übrig geblieben sind.

Versuche, den putzigen Zwickauer Trabi als »Spaß-Auto«

für wenig Geld auf dem gesamtdeutschen Markt zu etablieren, scheiterten nach der Wende. Heute wäre das vielleicht anders. Aber damals waren alle froh, dem engen Zweitakter entkommen zu sein. In den ersten Jahren nach dem Mauerfall und der Wiedervereinigung gingen die Uhren anders. Es sagt sich heute leicht: Wir hatten alle Möglichkeiten. In Wahrheit war das nicht ganz so. Niemand war vorbereitet auf die freie Marktwirtschaft. Die ersten Bekanntschaften, die auf dem Gebiet der DDR damit gemacht wurden, waren meist die mit skrupellosen Betrügern, die die Unwissenheit der Leute ausnutzten und ihnen vorsätzlich Geld aus der Tasche zogen.

Das hat nicht gerade zur Verständigung beigetragen. Der hartnäckige Glaube, Westdeutsche wollten Ostdeutschen tendenziell schaden, hat damit durchaus etwas zu tun. Obwohl ich finde, dass man nach zwanzig Jahren den Unterschied zwischen Kriminellen und Nichtkriminellen ebenso wie den zwischen Vorurteilen und Realität langsam verstanden haben darf.

Der Zwickauer Kollege und Freund meines Vaters, Drucker wie er, ließ sich damals an Haustüren nichts aufschwatzen. Er wusste genau, was er wollte. Endlich eine eigene Druckerei. Er hatte mit viel Elan im hoffnungsvollen Frühjahr 1990 ganz Zwickau abgesucht, bis er in einem Winkel der Altstadt eine kleine verlassene Wäscherei fand, die seit Jahren leer stand und genau die richtige Größe hatte. Eine Siebdruckwerkstatt sollte es werden.

Er hatte Glück. Die Aufbruchsstimmung, die im kurzen Zeitfenster zwischen Mauerfall und Wiedervereinigung alle erfasste und nie wieder so stark war, half auch bei den gewöhnlich eher unkooperativen Damen der kommunalen Wohnungsverwaltung, und er bekam einen offiziellen Mietvertrag.

Den Zustand der Wäscherei als baufällig zu bezeichnen wäre eine grenzenlose Untertreibung. Alles musste dort gemacht werden. Die Böden waren aufgerissen und mit Schutt bedeckt, die Fenster waren eingeschlagen, die Türen fehlten. Es gab keine funktionierenden Sanitäranlagen, kein Licht, die Stromkabel hingen lose aus den Wänden. Dafür hatten sich Dutzende von Rattenfamilien eingenistet. Ein Ausbauprojekt auf ganzer Linie.

Nach der damaligen Handwerksordnung war man ohne Meistertitel nicht berechtigt, allein eine Druckerei zu führen. Der Freund meines Vaters hatte sich jahrelang in seiner alten Arbeitsstelle, einem Karl-Marx-Städter Großbetrieb, um die entsprechende Weiterbildung – selbstverständlich außerhalb der Arbeitszeiten – bemüht, dazu war es jedoch nie gekommen. Eigentlich waren solche Ansinnen sehr gern gesehen, denn auch bei stetiger Fortbildung der werktätigen Massen mussten die VEBs ihre Planziele erfüllen, doch im Falle des Druckers verlief das stets im Sande. Mal war der Antrag weg, mal wusste man von nichts, mal vertröstet man ihn. »Selbstverständlich, Herr M., natürlich, wir kümmern uns darum ...«

Es ist schwierig, heute einzuschätzen, was genau der Hinderungsgrund war, aber es könnte damit zusammengehangen haben, dass er in nicht ganz linientreuen Kreisen verkehrte. So etwas fiel in der DDR immer auf und blieb selten ohne Sanktionen. Die Unangepasstheit, die ihm schon im Osten zum Nachteil gereicht hatte, machte ihm auch jetzt zu schaffen. Im Westen fragte niemand danach, warum er seinen Meister nicht gemacht hatte oder inwieweit das eine freiwillige Entscheidung war. Es zählte nur, ob er den Brief besaß oder nicht. Er besaß ihn nicht. Deswegen war schon während des Ausbaus klar, dass er jemanden mit ins Boot würde nehmen müssen.

Ein Kollege, mit dem er zusammen gelernt hatte, lebte in so genannten geordneten Verhältnissen. Die Frau Lehrerin, die Tochter vorbildlich, keine unerwünschten Kontakte. Er war längst Druckermeister. Zusammen hatten sie manchmal nach Feierabend schwarz Aufkleber oder Plakate gedruckt, um die Urlaubskasse aufzubessern. Die beiden Männer kannten sich nicht gut, aber sie vertrauten sich. Wie man einander eben so traute in der DDR – das hieß vor allem, dass der andere nicht bei der Stasi war. Von den Unwägbarkeiten der Freiheit wusste man noch nichts. Auch Konkurrenzdruck, wie er im Westen steter Alltag ist, spielte keine Rolle.

Der andere fand die Idee großartig und schlug ein. Gemeinsam gingen sie den Ausbau der Ruine an, kauften DDR-Baumaterialien, die in der Zeit des Umbruchs, als Baumärkte wie Pilze aus dem Boden schossen, zu Schleuderpreisen zu haben waren. Das erleichterte die Finanzierung des Ausbaus erheblich. Die handwerklichen Arbeiten übernahmen sie alle selbst. Als aus der maroden Wäscherei endlich benutzbare Räume geworden waren, meldeten sie das Gewerbe an, gründeten eine GbR (weil für eine GmbH das Startkapital fehlte), verschuldeten sich mit hohen Krediten und kauften davon, was dringend benötigt wurde: Maschinen, umweltgerechte Belüftungsanlagen, Material, Büroausstattung.

Es ging gut los mit der Druckerei: Kunden waren schnell gefunden. Alles im Land befand sich im Aufbau, jeder brauchte Visitenkarten, Briefköpfe, Mappen, Aufkleber, Werbeplakate, Schilder. Der Laden brummte. Beide machten sich Hoffnungen, einander bald richtige Gehälter zahlen zu können und die Kredite in absehbarer Zeit zu tilgen. So lange lebte man eben auf Pump.

Doch dann passierte etwas, womit keiner gerechnet hatte.

Der Kompagnon veränderte sich. Er verlor plötzlich jede Übersicht. Der Erfolg, der noch gar keiner war, stieg ihm zu Kopfe, und der Neuanfang, die Freiheit, in der unvermutet alles möglich war, verhieß ihm nur noch schnelles, leichtes Geld. Das konnte die kleine Siebdruckerei nicht bieten. Aus dem Handwerkermeister wurde innerhalb kürzester Zeit erst ein Aufschneider, dann ein Dieb, dann ein Zuhälter. Weder die Familie noch die Freunde hatten irgendeine Chance, ihn aufzuhalten. Er entzog sich, trank viel, begann Drogen zu nehmen und die Firma zu bestehlen. Nachdem seine Frau ihn verlassen hatte, war er irgendwann einfach weg. Mit ihm das ganze Geld, der Firmenwagen und der Traum von der Selbständigkeit.

Vielleicht stellten die festen Strukturen, an die er durch die Arbeit im VEB und sein angepasstes, übersichtlich organisiertes Leben in der DDR gewöhnt war, einen zu großen Gegensatz dar zur harten Existenz als Selbständiger. Vielleicht wurde ihm mit der Zeit die Verantwortung zu groß, und der Erfolg der Siebdruckerei ging ihm zu langsam. Vielleicht war er auch einfach nur ein Idiot, der jetzt alles ausleben konnte, was ihn trieb. In jedem Fall war er überfordert und reagierte auf seine Weise.

Der Freund meines Vaters blieb allein sitzen auf den Krediten und einer Firma, die er ohne den anderen nicht betreiben konnte.

Er musste Konkurs anmelden. Als »einzig verbliebenes« Mitglied der GbR haftete er für die Gesamtsumme. Das dritte Jahr der Wiedervereinigung war noch nicht ganz vorbei, und er hatte fast eine viertel Million Schulden. Als wir ihm zu einem Anwalt rieten, zuckte er nur traurig mit den Schultern. Kein Geld.

Und dann passierte etwas, womit niemand rechnen konnte. Der Blitz schlug ein in Zwickau: Er gewann im

Lotto. Nicht so viel, dass er ein geruhsames Leben auf einer mallorquinischen Finca hätte führen können, aber doch genug, um sich einen Anwalt zu nehmen und das, was nach dem Ausgleich übrig blieb, bar zu bezahlen. Der Nullzustand war hergestellt.

Als er uns davon erzählte, leuchteten seine Augen, als könnte er es selbst noch nicht glauben. Wir öffneten eine Flasche Sekt und stießen darauf an, dass es manchmal doch eine ausgleichende Gerechtigkeit im Leben gibt. Selbst wenn es das unberechenbare Lotterielos ist, das darüber entscheidet.

Bezirk Gera:
FARBEN UND VERGESSEN

Eines Sonntagmorgens saß ich in meiner Küche, trank Kaffee und wollte eben den Stift auf das Kreuzworträtsel eines Wochenendmagazins herabsenken, als mir das Preisausschreiben der Zeitung auffiel. Ein mit vielen Designerpreisen ausgezeichnetes Frühstücksservice war zu gewinnen. Aus Kahla in Thüringen. Ehemals Bezirk Gera.

Mein Blick fiel auf die Tasse in meiner Hand. Es war ein alter Keramikhumpen mit Henkel, dunkelblau glasiert mit auffälligen weißen Punkten. Eigentlich soll es wohl ein Bierkrug sein, aber ich trinke jeden Morgen meinen Kaffee daraus. Ich habe ihn vor langer Zeit in Bürgel gekauft, einem tausend Jahre alten, kleinen Töpferstädtchen im Saaletal. Auch Bürgel lag früher im Bezirk Gera.

Ich habe eine Schwäche für Bürgel-Geschirr. Schon als kleines Mädchen faszinierte mich dieses Thüringer Tonzeug, dem mit seinen typischen weißen Tupfen auf blauem Grund stets der versponnene Charme von Puppengeschirr anhaftet. Meine Mutter hat in den frühen siebziger Jahren in Dresden auf der Straße einmal ein halbes Dutzend wildfremder Passanten genötigt, in einem Kunstgewerbeladen für sie je eine Kaffee- und Untertasse aus Bürgeler Keramik zu kaufen, damit sie trotz der Verkaufsreglementierung von nur einem Gedeck pro Kopf ein kleines Service zusammenbekam. Neben ihren Sibylle-Möbeln und mir war dies das

Einzige, worauf sie vor Gericht bestand, als ihre erste Ehe 1975 geschieden wurde.

Seit der Wende ist es kein Problem mehr, Bürgel-Geschirr in jeder gewünschten Menge zu kaufen. Die Zeiten, da 90 Prozent der Waren billig in den Westen verkauft wurden, sind vorbei. Das alte Bürgeler Töpferhandwerk, wo jeder Eierbecher bis heute von Hand gedreht, glasiert und gepunktet wird, hat wieder seinen Preis. Dieser Umstand zwingt mich, die Familientradition zu wahren und wie schon meine Mutter vor mir, mein Bürgeler tassenweise zu erstehen. Für besondere Erfolge belohne ich mich seit vielen Jahren damit, dass ich einen Ausflug nach Thüringen mache und mir dort irgendein Extra leiste. Das letzte war eine sensationelle Dreieinhalbliter-Riesenteekanne, die aussieht wie ein Theaterrequisit.

Natürlich könnte ich auch einfach in einen der überteuerten Läden außerhalb Thüringens gehen, aber dort kaufe ich nicht mehr ein, seit ich das erste Mal selbst in Bürgel war. In der DDR bekamen Töpfer in Bürgel keine Genehmigung, sich mit eigenen Läden selbständig niederzulassen. Der Bedarf sei gedeckt. Stattdessen hatten sie die Wahl, in ihrem gelernten Beruf entweder in der PGH, der Produktionsgenossenschaft des Handwerks (in der, ähnlich den Landwirtschaftlichen Produktionsgenossenschaften auf dem Land, den LPGs, die vormaligen Handwerksbetriebe zwangsweise zusammengefasst worden waren), oder dem kleinen VEB, welcher zum Möbelkombinat Eisenberg gehörte, zu arbeiten. Angestellt, versteht sich. Allein bei diesen, der PGH und dem VEB, lag zu DDR-Zeiten das Monopol der Herstellung von Bürgeler Geschirr. Das änderte sich nach der Wende zum Glück.

Heute gibt es in Bürgel wieder knapp ein Dutzend freie Töpfermeister. Sie vertreiben ihre Waren in eigenen kleinen Läden, auf Märkten, manche zusätzlich im Internet. Die meisten von ihnen sind nicht gut auf die alte PGH und ihre Nachfolger zu sprechen.

Ab 1993 wurden mehrere große Bürgel-Geschäfte in Berlin, Leipzig und an der Ostsee eröffnet. Der Händler, dem diese Läden gehören (ein findiger Ost-Berliner), hat die Reste der PGH, die inzwischen zu einer GmbH geworden war und ihn belieferte, aufgekauft und betreibt diesen Töpfergroßbetrieb jetzt selbst. Er ist Geschäftsmann. Seine Waren sind gut geeignet für die Läden, neigen aber zur folkloristischen Normierung. Sie können den Vergleich mit der Kreativität und Vielfalt der Keramiken der anderen Bürgeler Töpfereien nicht standhalten.

Die »echten« Meister haben einfach das schönere Angebot. Töpfern ist eben nicht nur ein Handwerk. Es ist eine Kunst, und die geht über Einheitstassen in Blau-Weiß weit hinaus. So eine phantastische Kanne wie meine findet man weder in Berlin noch in Leipzig, noch an der Ostsee.

In DDR-Haushalten benutzte man vor allem zweierlei Geschirr: Zwiebelmuster und Streublume. Jedes Ostkind hat irgendwann in seinem Leben einmal davon gegessen. Ich gehörte zu den vielen doppelt geschlagenen, denn bei uns gab es Streublume für jeden Tag und Zwiebelmuster für Festtage. Die hart erkämpften Bürgel-Tassen baumelten derweil dekorativ an einem blauen Holzregal.

Strohblume und Zwiebelmuster, beides indisch blau auf weißem Grund, kamen aus dem gleichen Werk: dem VEB Feinkeramik Kahla. Die alte Porzellanmanufaktur in Thüringen, 1844 gegründet, 1946 enteignet, dann in Volkseigentum »umgewandelt« und ab 1991 schließlich von der Treuhand zielsicher in den Konkurs geführt, produzierte jahrzehntelang das komplette Sortiment an Haushaltsporzellan der DDR sowie eine Menge Massenware für den Export in die sozialistischen Bruderländer und den Westen. In diesen Dingen war der Osten übersichtlich organisiert: Steingut kam aus Torgau; Gläser aus Jena; Teller, Tassen, Schüsseln aus Kahla.

Die Kahlaer Produkte gehörten nie zur edelsten Auswahl deutscher Porzellane, dennoch hatte sich die Manufaktur in den 150 Jahren ihrer Existenz einen soliden, guten Namen gemacht. 1856 war Kahla schon der größte Porzellanproduzent Thüringens, bis zum Beginn des Ersten Weltkriegs gar ganz Deutschlands. Deswegen war es nur eine Frage der Zeit, wann nach der Pleite ein reicher Geschäftsmann aus dem Westen kommen und Tradition samt Markennamen kaufen würde. Es war eine Gelegenheit, es war aber auch ein Wagnis. Nur mit der Investition von sehr viel Geld, Geduld und Ideen war es möglich, in Kahla wieder die Porzellanproduktion anzusiedeln. Schon Mitte des neunzehnten Jahrhunderts soll der Unternehmensgründer Christian Eckhard gesagt haben: »Aus heimischen Rohstoffen Porzellan herzustellen ist fast so gut, wie aus Stroh Gold zu spinnen.« Der Mann wusste, wovon er sprach. Inzwischen arbeiten in der neugegründeten GmbH wieder ein paar Hundert Leute. Das ist zwar nur ein Zehntel der früheren Mitarbeiterzahlen, aber im Osten ist jeder einzelne Arbeitsplatz kostbar. Das Unternehmen floriert und gewinnt für innovatives Design einen europäischen Preis nach dem anderen. Auch Streublume und Zwiebelmuster gibt es noch. Sie heißen jetzt Blau Saks und Rosella.

Zu meinem 36. Geburtstag, der für mich endlich den ersehnten Lebensgleichstand von 18 Jahren DDR und 18 Jahren Freiheit herstellte, fuhr ich nach Bürgel und kaufte mir ein Saftservice, zwei neue Tassen und eine Käseglocke. Auf dem Rückweg machte ich einen Abstecher ins knapp dreißig Kilometer südwestlich gelegene Kahla. Dieser Umweg verlief ganz anders als erwartet.

Kahla ist eine wunderschöne, mittelalterliche Festungsstadt aus dem neunten Jahrhundert, die malerisch auf einem Hügel am Fuße der Leuchtenburg liegt. Wehrhaft umgibt die alte Stadtmauer mit ihren Türmen und Toren das historische Zentrum. Das Wappen der Stadt zeigt eine junge Frau mit goldener Krone und edlen Gewändern, deren Fuß siegesbewusst auf einem von ihr soeben erlegten, grünen Drachen steht und die ihm ihren Kreuzstab ins noch dampfende Maul rammt. Vielleicht soll das ausdrücken, dass Kahla durchhält. Denn Unbill hat dieser Ort über die Jahrhunderte seiner Existenz durchaus erfahren. Die Pest tobte hier und die »Thüringer Sintflut« zu Anfang des siebzehnten Jahrhunderts. Große Brände legten die Stadt gleich mehrfach in Schutt und Asche. Raubritter plünderten, Kriege verheerten den Landstrich. Kahla hat das alles tapfer überstanden. Friedlich lebte man am Ufer der Saale, geschützt von den sanften Höhen der umliegenden Berge. Den Kahlaern ging es gut. Sie waren brave Handwerksleute, deren beständigen Wohlstand man der opulenten Gestaltung ihrer dreistöckigen Bürgerhäuser ansieht.

Ich parkte meinen Wagen hinter einem sehr schön sanierten Fachwerkhotel und machte mich auf einen ausgedehnten Spaziergang durch die fast vollständig erhaltene Altstadt. Auf dem Platz vor dem Rathaus war gerade Markt. Ein paar Händler boten Käse und Wurst an. Ein Blumenstand. Gemüse. Es war wenig los. Überhaupt sah ich kaum Menschen auf der Straße. Und nicht nur sie fehlten im Bild – die Altstadt war stellenweise so gut wie autofrei. So etwas hatte ich seit Jahren nicht gesehen.

Ein Berliner Freund beschwert sich immer, dass wegen der überall lückenlos parkenden Autos heutzutage die Bordsteinspiele aussterben würden, mit denen wir uns in der Kindheit noch die Zeit vertrieben haben. In Kahla hätten theoretisch ganze Kinderkompanien ungehindert klickern und hüpfen können, aber es gibt keine Bordsteine. Man hat die Wege originalgetreu restauriert. In den mittelalterlichen Gassen ist der Fußgängerbereich nur durch das Muster im Straßenpflaster von der Spur für Kutschen und Reittiere getrennt.

Nachdem ich einmal um die Ecke gebogen war und Markt und Rathaus hinter mir gelassen hatte, bemerkte ich, dass am idyllischen Bild der Kahlaer Altstadt etwas nicht stimmte. Es war ein klarer, warmer Sommertag. Die Nachmittagsschatten breiteten sich langsam auf den Häuserwänden aus. Ich bemühte mich, auf der Sonnenseite zu bleiben. Deshalb fiel es mir nicht sofort ins Auge, doch die überraschende Abwesenheit von Autos lenkte meine Aufmerksamkeit genauer auf die Häuser. Jetzt erst sah ich, dass ein Großteil von ihnen leer stand. Und jetzt erst sah ich auch, was mir längst hätte auffallen müssen – dass mir hier alles bekannt vorkam. Das war nicht einfach Kahla 2007, das hier war die DDR 1989. Nichts hat sich in Kahla seit der Wende jenseits des Rathauses und einiger weniger Häuserzeilen getan.

Wie im ganzen Land, hatten die Häuser zu DDR-Zeiten unter Verwaltung der KWV gestanden, der Kommunalen Wohnungsverwaltung, die nicht gerade dafür bekannt war, die ihnen »anvertrauten« Liegenschaften zu pflegen. Weder innen noch außen. Sechshundert Jahre hat die Kahlaer Altstadt souverän überlebt, doch vierzig Jahre kommunale Wohnungswirtschaft waren genug, um sie zu ruinieren.

Von einst 12 000 Einwohnern leben jetzt noch knapp 7000 in der Stadt. Arbeit ist rar. Wer kann, verlässt das sinkende Boot. So sind ganze Straßenzüge fast unbewohnt. Den alten Bürgerhäusern tut das nicht gut. Sie fallen auseinander. An ihren Fassaden platzt der Putz in großen Stücken ab. Man muss schon sehr genau hinschauen, um überhaupt so etwas wie Farbe zu erkennen. Fensterscheiben sind zerbrochen, der kunstvolle Stuck bröckelt ungehindert vor sich hin. Kabel schauen aus den Wänden, Löcher für Gasheizungsabzüge durchbrechen die fünfhundert Jahre alten Gemäuer. An einer von innen mit Pappe vernagelten Glastür steht zu lesen: »Konsumgenossenschaft, geöffnet Mo-Fr 9–12.30 Uhr und 14.30–18 Uhr«. Daneben: »Heimtextilien«.

Fasziniert und schockiert zugleich lief ich weiter. Rauschhaft fotografierte ich diese gespenstige Szenerie, sonst würde mir später vielleicht niemand glauben, was ich hier gerade erlebte: Ich stand mitten in meiner Kindheit.

Aber nicht als kleines Mädchen an Omas Hand in Stralsund, das genauso wunderschön wie Kahla ist und damals auch noch ebenso baufällig war, sondern ich befand mich in einer Rolle, die ich nie geglaubt hatte, jemals zu spielen: Ich war ein Wessi auf Ostbesuch. Ich stand als Fremde in der DDR.

»Ruinen schaffen ohne Waffen« witzelte man früher gern angesichts der zusammenfallenden ostdeutschen Altstädte. Tatsächlich hat die Wende den meisten historischen Stadtkernen das Leben gerettet. Die Bürgerhäuser Stralsunds, heute Weltkulturerbe, waren für 1990 zum Abriss bestimmt. Für den Besuch Olof Palmes im Sommer 1984 waren eigens die Fassaden der Protokollstrecke angestrichen worden. Auch die derjenigen »Häuser«, hinter deren Fassade sich längst nichts mehr befand und die von der Hofseite durch große Pfosten gestützt wurden, weil sonst auch die Nachbarhäuser umgekippt wären. Vor die Fenster, die beidseitig ins Freie führten, wurden Gardinen gehängt und Blumentöpfe gestellt. Ich habe es selbst gesehen. Potemkin'sche Dörfer.

Die Fotos, die ich an diesem Nachmittag in Kahla geschossen habe, sehen aus wie alte Aufnahmen aus der DDR. Obwohl ich die Farbeinstellung benutzt habe, wirkt alles irgendwie schwarz-weiß.

Ein paar der Motive habe ich als Suchbilder an Freunde verschickt. Finde den Fehler. An einer breiten Häuserreihe, die genauso hätte 1978 fotografiert sein können, hängt neben einem schmalen Fenster ein einsames Schild mit dem Aufdruck »SONY«. Auf einer grauen Straßenkreuzung klemmt an einer Laterne ein bundesdeutscher Mülleimer. Manchmal erkennt man in einer Ladenecke ein halbverdecktes Tattoo-Studio, manchmal ist es nur das neue SHK-Kennzeichen an einem herumstehenden Trabi.

Die Bilder von instand gesetzten Gebäuden, wie zum Beispiel dem Stadtmuseum und seiner liebevoll sanierten Umgebung oder den hohen Häusern am Markt, wirken dagegen besonders bunt und lebendig. An ihnen sieht man, wie prachtvoll Kahla sein könnte.

Aber das war es nicht, was mich beschäftigte. Das tragische Schicksal Kahlas heute, auf der Strecke geblieben zwischen Denkmalschutzauflagen und finanziellen Möglichkeiten der Besitzer, nahm ich nur zur Kenntnis. Es wird hier so sein wie anderswo. Ich dachte viel mehr darüber nach, dass ich unerwartet den Osten, wie er bis zur Wende und die ersten Jahre danach noch war, wiedergesehen hatte. Vor allem die Farbe. Dieses endlose, unbestimmbare, nie durchbrochene, rußige Braunkohlegrau, das wie ein Schmutzfilm über dem Land und seinen Häuserfassaden gelegen hatte.

In Berlin konnte man das nach dem Mauerfall besonders deutlich sehen. Architektonisch unterschieden sich Ost und West nicht voneinander, aber der Eindruck, den die beiden Hälften der Stadt machten, hätte kontrastreicher kaum sein können. Ich wusste das noch – aber wie es bei uns wirklich ausgesehen hatte, das hatte ich fast schon vergessen. Jetzt stand es mir wieder vor Augen.

Auf der gesamten Rückfahrt nach Berlin erinnerte ich mich an die Häuser und Höfe, in denen ich aufgewachsen war. Manche davon sahen auch in den späten achtziger Jahren so aus, als hätten Wehrmacht und Alliierte erst vor wenigen Stunden die Gefechte eingestellt. Für einen Kriegsfilm hätte man nur die Darsteller kostümieren müssen, die Kulissen waren noch original. Die Frontseite unseres Hinterhauses, auf die ich von meinem Zimmer aus schaute, war von Einschüssen komplett überzogen. Es sah aus wie ein chaotisches Lochmuster.

Ich weiß nicht, wie es für die West-Berliner war, aber wir Ost-Berliner sprachen oft über diesen Unterschied. In der Schule und später an der Uni, in Kneipen, zu Hause, wann immer man sich allein traf, war das anfänglich ständig Thema und hatte eigentlich immer denselben Tenor: der Westen ist nur Fassade, künstlich und aufgeblasen – unser Bruchbudenosten aber ist authentisch, ohne Schminke, vom echten Leben gezeichnet. Alle bevorzugten wir das uns umgebende, vertraute Grau. Ungeachtet der Einsturzgefahr.

Sicher machten sich darin schon die ersten, noch unbewussten Bemühungen von Selbstverortung im neuen

System bemerkbar, trotzdem war es keine Pose. Wir gehörten nicht in den glattgeleckten, sauberen Westen mit seinen Badezimmern und Fußbodenheizungen. Noch nicht.

Bei mir löste das oft gehörte »Es ist so grau bei euch« vor der Wende nur ungläubige Verwunderung aus. Ich verstand gar nicht, was gemeint war. Nach der Wende, als ich es selbst sah, zog dieser Satz plötzlich einen ganzen Schwall an verletzten Verteidigungsversuchen nach sich. Nur anderen Ostlern gegenüber gestattete ich mir einen realistischen, kritischen Blick auf die Ruinen meines Landes. Eigentlich war klar, dass dringend saniert und rekonstruiert werden musste, wenn man irgendeines dieser Häuser retten wollte. In Stralsund genau wie im Prenzlauer Berg. Und dass dann auch ein neuer Anstrich fällig war, lag auf der Hand.

Als ich im Dunkeln über die Stadtautobahn zurück nach Berlin kam, wurde mir klar, wie froh ich war, dass man mein Viertel in den letzten zwanzig Jahren einer umfangreichen kosmetischen Behandlung unterzogen hatte und der Großteil der Häuser inzwischen saniert ist. Inklusive Fassaden. Abgesehen davon, dass das Ganze in Farbe einfach besser aussieht, verdanke ich diesem Umstand schließlich auch, dass ich nicht mehr wie früher mit meinen Eltern in anderthalb Zimmern mit Außenklo (welches mit den Nachbarn zu teilen war), Kachelöfen und fließend kaltem Wasser leben muss. Es gab in Ostberlin natürlich auch viele Wohnungen, die moderner ausgestattet waren, aber die in den beliebten, »authentischen« Gegenden der Stadt gehörten selten dazu.

Am nächsten Morgen schaute ich, meinen geliebten Bürgel-Humpen mit Kaffee gefüllt in der Hand, aus einem Fenster meiner Wohnung. Sie liegt im südlichen Prenzlauer Berg an einem kleinen quadratischen Platz, der von exakt zwanzig Häusern gesäumt wird. Gründerzeit. Ich hätte geschworen, dass sie alle saniert sind. Doch aufmerksam geworden durch das gestrige Erlebnis in Kahla, stellte ich verblüfft fest, dass davon keine Rede sein konnte. Drei Häuser waren in desaströsem Zustand, zwei davon unbewohnt, das dritte hatte einen Schutz vor herabfallenden Dach- und Fassadenteilen. Weitere drei Häuser hatten seit der Wende keinen neuen Anstrich bekommen und sahen noch genauso trist aus wie vorher. Grauockerschmutzigbraun lagen sie hinter den Bäumen des Platzes und sahen vorwurfsvoll zu mir herüber.

Ich überlegte, warum mir das nie aufgefallen war. Aber ich wusste es nicht. Vielleicht hing es damit zusammen, dass viel buntes Leben meinen Platz bestimmt, der fernab der Berliner Geschäftigkeit ruhig und grün in einem Wohnviertel liegt und auf dem immer Eis essende, grillende, redende, Ball spielende, Zeitung lesende oder sonst einer angenehmen Beschäftigung nachgehende Menschen zu sehen sind.

Vielleicht hing es auch damit zusammen, dass man ein wenig verstaubtes Grau einfach akzeptieren kann, solange es nicht überwiegt. Es ist ja ein Teil des Lebens.

Ich drehte mich um, ging zurück zum Küchentisch und nahm mir das Kreuzworträtsel des Wochenendmagazins. Zu gewinnen war ein Frühstücksservice aus Kahla.

Bezirk Suhl:
AUF GRENZPATROUILLE

Seit dem Fall der Mauer sagte mein Vater regelmäßig, dass er gern einmal Sonneberg besuchen würde, eine Kleinstadt im Süden des damaligen Bezirks Suhl, wo er als 18-Jähriger seinen Armeedienst abgeleistet hat. Nach sechs Monaten Grundausbildung in Johanngeorgenstadt war mein Vater im April 1974 in eine Einheit der DDR-Grenztruppen versetzt worden, die in einer kleinen, abgeschieden gelegenen Kaserne am Ende einer rumpligen Dorfstraße stationiert war.

Wenige Dinge in seinem Leben hat mein Vater so nachhaltig und mit solcher Hingabe gehasst wie seine Zeit bei der NVA. Kommandos, Gehorsam, Hierarchien, Machtspiele, Gewalt, körperliche Strapazen, das alles ist ihm zuwider – solchen Strukturen anderthalb Jahre lang blindlings ausgeliefert zu sein, war für ihn das reine Horrorszenario. Auch der ewige Sport, das permanente Frühaufstehen und tägliche Schuhputzen trugen nicht gerade zur Beliebtheit der Armee in den Augen meines bequemen Vaters bei.

»Ich schwöre, ein ehrlicher, tapferer, disziplinierter und wachsamer Soldat zu sein.« So lautete der dritte Absatz des Fahneneides der Nationalen Volksarmee – und genau so steht es auf Seite 15 des ausgerechnet in graues Textil gebundenen Gesinnungshandbuchs, das jeder Rekrut der

NVA bekam. Als meine Eltern vor einigen Jahren ihre Stadtwohnung verließen und in ein Häuschen im Grünen zogen, fand mein Vater sein Exemplar *Vom Sinn des Soldatseins* in einem verstaubten Karton auf dem Hängeboden. »Soldat Rusch« steht in ungelenker Jungenschrift auf der Innenseite des Einbands. Dass er seinen Namen ausgerechnet dorthin geschrieben hat, ist bezeichnend. Denn hätte er auch nur eine Seite weitergeblättert, wäre ihm ein in militärischer Ordnung bereits vorgedrucktes, entsprechend auszufüllendes Feld aufgefallen: »Der Ratgeber für den Soldaten wurde überreicht an _____________.« Der markierte Bereich ist jedoch leer geblieben. Mein Vater hat das nicht übersehen oder boykottiert. Er hat das Buch einfach nie aufgeschlagen.

Dabei kann man nicht sagen, dass Soldat Rusch seinen Fahneneid nicht erfüllt hätte. Er tat es auf eigene Weise.

Er war absolut ehrlich, wenn er im Polituntericht regelmäßig aus Desinteresse einschlief – weswegen es ihm, trotz sehr hoher Trefferquote, nicht erlaubt wurde, am Schützenschnurschießen teilzunehmen.

Er hatte panische Angst, entdeckt zu werden, stopfte aber trotzdem tapfer zusammen mit den anderen Entlassungskandidaten in der letzten Nacht der »sadistischen Sau von einem Spieß« zum Abschied ein Kilo Kartoffeln, Knolle für Knolle mit einem Besenstiel in den Auspuff des Skodas.

Und er war äußerst wachsam, wenn es galt, Schnaps oder Steinpilze unbemerkt in die Kaserne zu schmuggeln.

Von den gigantischen Steinpilzen aus der Sperrzone erzählt er oft. Auf dem sammlersicheren Todesstreifen, den außer Grenzpatrouillen niemand betreten durfte, wuchsen sie in rauen Mengen. Gut 15 Zentimeter hoch, mit handtellergroßen Kappen, mitten auf den Wegen. Wie im Märchen.

Die westliche Staatsgrenze der DDR gilt als eine der bestbewachten der Geschichte. Weil sich der Brocken genau auf dieser innerdeutschen Trennungslinie erhob, kalauerte man im Osten gern, er sei der einzige unbesteigbare Berg der Welt.

Das Sperrgebiet begann schon fünf Kilometer vor der eigentlichen Grenze. Ein Teil dieser Gegend war zwar noch bewohnt, aber der Alltag durch unterschiedliche Sicherheitsmaßnahmen und viel bürokratischen Passierscheinaufwand bereits ausgesprochen erschwert. Suspekte Anwohner waren ohnehin längst zwangsumgesiedelt worden. Die erste dieser Stasi-Säuberungsaktionen trug bezeichnenderweise den Tarnnamen »Aktion Ungeziefer«.

Erst die letzten fünfhundert Meter der Sperrzone bildeten den bedrohlichen, komplett gesperrten, offiziellen »Schutzstreifen«. Er war gesichert durch elektrisch geladene Zäune, Bewegungsmelder mit Rundumleuchten und Sirenen, Selbstschussanlagen, Stacheldraht, Tretminen, Hunde und schwer bewaffnete Kontrollposten. Unbefugt war dieses Terrain nur unter äußerster Lebensgefahr zu betreten. Die wenigsten Zivilisten haben es jemals versucht. Die es doch wagten und nicht bis in die Freiheit schafften, saßen lange Haftstrafen ab oder starben beim Fluchtversuch.

In diesem Bereich zwischen dem ersten Signalzaun und dem zehn Meter breiten, stets spurensicherungsfreundlich gepflügten Kontrollstreifen des inneren Grenzgebiets war mein Vater ein Jahr lang angehalten, »Durchbrüche« von Flüchtenden mit allen Mitteln zu verhindern. Davor hatte er die größte Angst.

Die Einzigen, denen der Grenzsicherungswahn der DDR-Staatsorgane entgegenkam, waren die deutsch-deutschen Steinpilze. Für sie war die Sperrzone alles andere als ein Todesstreifen. Im Gegenteil, sie gediehen prächtig zwischen Ost und West. Anders als die Blaubeeren, die ebenfalls üppig wucherten, passten die Pilze nicht in die leeren Feldflaschen, und so war es deutlich schwieriger, sie unauffällig in die Kaserne zu bringen. Wurde man erwischt, schmissen die Offiziere alles gnadenlos in den Ofen. Gelang der Schmuggel jedoch, bereitete der Koch, nachdem die Offiziere am Abend die Kaserne verlassen hatten, in einer der riesigen Küchenpfannen geschmorte Pilze für alle zu. Der Pilzschmuggel war nicht deshalb so beliebt, weil die Soldaten Hunger gehabt hätten, es ging dabei viel mehr um den kleinen Ungehorsam, den die Extraportionen darstellten. Grenzer wurden ausreichend und für Ostverhältnisse sogar vergleichsweise komfortabel versorgt.

Das erklärt auch, warum mein Vater bei der Armee fünfzehn Kilo zugenommen hat. Die Zeit an der Grenze hat meinen Vater nicht nur innerlich geprägt, sie hat ihn auch äußerlich verändert. Aus einem blassen, leptosomen Jüngling wurde in einem Jahr Sonneberg ein Hüne mit Vollbart: Seit seiner Entlassung aus der NVA hat sich mein Vater nie wieder rasiert. Weder meine Mutter noch ich haben ihn jemals ohne Bart gesehen. Er trägt ihn jetzt seit 35 Jahren. Wenn er ihn vor dem Spiegel kämmt, beschleicht mich manchmal das Gefühl, als sei dieser Bart eine stetige Vergewisserung, dass er kein Soldat mehr ist. Sein Kinn kenne ich nur von einem alten Schwarz-Weiß-Foto aus der Zeit der Grundausbildung. Es zeigt ihn schlacksig und glattwangig in Uniform, auf dem Kopf den preußischen Mützenring. Der flache Filzdeckel lässt meinen Vater aussehen wie einen Schaffner.

Vermutlich hätte er Dienst an der Fahrkarte dem an der Waffe tatsächlich vorgezogen. Aber er hatte 1973 keine Wahl. Bei der Musterung gab er an, auf keinen Fall an die Grenze zu wollen. Er wurde trotzdem dorthin eingezogen.

Als der Einberufungsbefehl nach Johanngeorgenstadt kam, war er sehr erleichtert. Tschechische Grenze. Es stellte sich jedoch schnell heraus, dass dort nur die Grundausbildung stattfand, die bei Grenzern sechs Monate statt vier Wochen dauerte. Danach wurde es ernst. Sonneberg lag im letzten Zipfel der DDR. Die Täler der Itz ragten so weit in den Westen, dass man die Nähe des Feindes schon im Zungenschlag der Menschen hören konnte. Um Sonneberg herum wird oberfränkischer Dialekt gesprochen. Die Menschen, wiewohl Thüringer, rollen das R und sagen Wörschd statt Wurst und Klüess statt Kloß.

Ein normaler Wachdienst dauerte acht Stunden. Anders als die Berliner Mauer, die von Flutlichtern beleuchtet wurde, waren die Kontrollabschnitte der grünen Grenze nachts stockdunkel und unübersichtlich. Es ist die Angst, dort aus der Dunkelheit heraus erschossen zu werden oder selber schießen zu müssen, wovon mein Vater am zweithäufigsten (nach den Steinpilzen) erzählt. Die jungen Soldaten, kaum einer älter als zwanzig, waren stets paarweise als Posten und Postenführer auf Patrouille. Sie handelten im Dienst vor allem nach einer Devise: Sei sehr laut. Je mehr Lärm du bei deinem Rundgang machst, desto unwahrscheinlicher ist es, dass jemand versucht, gerade bei dir abzuhauen. Was den Mitwachhabenden betraf, konnte man nur hoffen. Wenige Monate nach der Entlassung meines Vaters erschoss im Nachbarabschnitt ein Grenzsoldat zwei seiner Kameraden und floh in den Westen. Mein Vater aber hatte Glück, in seiner Zeit gab es keine Grenzdurchbrüche. Weder von Zivilisten noch von Uniformierten.

Bis heute existiert keine verbindliche Statistik darüber, wie viele Menschen bei Fluchtversuchen aus der DDR tatsächlich starben. Bezieht man, was geboten ist, tödliche Unfälle, die Fluchtbewegung über die Ostsee und Selbstmorde nach Inhaftierung mit ein, muss von bis zu 1000 Opfern ausgegangen werden. Etwa 75 000 Menschen wurden wegen Republikflucht festgenommen und gerichtlich belangt.

Als ich im Sommer 2007 aus beruflichen Gründen im Süden Thüringens zu tun hatte, schlug ich meinem Vater vor, mich dorthin zu begleiten. Er könnte mir alles zeigen: Seine Kaserne, die Grenze, die Wege, auf denen die Pilze gestanden hatten. Er nahm sich sofort ein paar Tage Urlaub und kam mit.

Bevor wir losfuhren, wollte ich für uns Zimmer in einem Sonneberger Gasthof reservieren. Mein Vater protestierte. Das sei Unfug, wir würden uns stattdessen einfach vor Ort eine kleine Pension nehmen. Irgendwo in einem der umliegenden Dörfer. Das bereute er später, denn wir suchten geschlagene drei Stunden zwischen Sonneberg und Coburg nach einer privaten Unterkunft. Aus Trotz kehrten wir schließlich im Schlosshotel von Sonneberg ein. Am nächsten Tag machten wir uns auf den Weg zur Kaserne.

Wir fanden sie auf Anhieb. Das Dorf war auch in der Zwischenzeit nicht an das ehemalige NVA-Quartier herangewachsen. Noch immer lag das Gebäude abseits des Ortes an einem idyllischen kleinen Teich. Seit einigen Jahren ist ein Seniorenpflegeheim darin untergebracht. Der dreistöckige Flachbau hat jetzt einen altrosafarbenen Anstrich mit dunkel abgesetztem Sockel und einer Regenrinne in Hellblau. Wir hätten es vermutlich besichtigen können, aber wir wollten nicht stören. Stattdessen gingen wir vor dem Geländezaun, den man nicht ausgetauscht hatte, auf und ab. Mein Vater zeigte mir die noch immer lockeren Wurzeln der Bäume, unter denen er und seine Kameraden nach dem Ausgang die Schnapsvorräte versteckt hatten, um sie später, wenn alles ruhig war, durch die Fenster in Beuteln am Seilzug auf die Zimmer zu holen. Besonders beliebt war »Rhöntropfen«, ein Magenbitter aus der Gegend, den man in Colaflaschen umgießen und auf diese Weise auch im Gemeinschaftsraum unauffällig trinken konnte.

Die Objektwachen halfen beim Schnapsschleusen. Sie waren selbst Wehrdienstleistende, und Alkohol war die einfachste Art, das alles schnell hinter sich zu bringen.

Wir setzten uns an den See und rauchten. Mein Vater erzählte abenteuerliche Geschichten davon, wie sie die Offiziere ausgetrickst und Dienstvorschriften umgangen hatten oder lässig im offenen Armeetrabant durch den Wald kutschiert waren, als sei es kein Pappkübel auf Grenzpatrouille, sondern ein Cabrio am Strand von Santa Monica, am Ende der Route 66.

Als wir zum Auto zurückgingen und einen letzten Blick auf die Kaserne warfen, blieb mein Vater kurz stehen. Dann wandte er sich wieder ab und sagte: »Man behält meist nur die lustigen Geschichten. Aber es war keine schöne Zeit. Wirklich nicht.«

Wir fuhren weiter in Richtung ehemaliger Grenze. Ich wollte mir gerne das Sperrgebiet ansehen – mein Vater wollte in den Westen dahinter. Ich wusste, wohin es ihn zog.

Es war der Grund, warum ich meinen Vater auf diese Reise mitgenommen hatte. Irgendwann in den letzten Jahren, als er wieder einmal vorschlug, man könne doch nach Thüringen fahren und dabei einen Abstecher nach Sonneberg machen, fragte ich ihn, was er dort eigentlich suche. Er hatte nie Sentimentalität an den Tag gelegt, wenn es um seine Zeit bei der Armee ging. »Die schulden mir noch ein Bier«, hatte er geantwortet und gegrinst. Dann erzählte er eine Geschichte, die ich vorher noch nie gehört hatte. Während die innerdeutsche Grenze von der östlichen Seite her ein tödliches Hindernis darstellte, hatte genau dieser Umstand für die andere Seite offenbar einen gewissen Unterhaltungswert. Auf ihren Kontrollgängen sahen die Soldaten täglich westdeutsche Reisebusse im Schritttempo die Absperrung abfahren. Ihr Ziel war die Aussichtsterrasse eines Berggasthofs, der so nah am Osten klebte, dass ihn nur noch eine schmale Straße von dem Streckmetallzaun trennte, welcher das letzte Ende des DDR-Territoriums markierte.

Die makaberen Kaffeekränzchen mit freiem Blick in die Zone fanden keine zehn Meter vor dem Minengürtel statt. Die Grenzposten konnten im abgerodeten Gelände ohne weiteres bis auf die eingedeckten Tische schauen. Doch nicht die Kuchenteller der Ausflügler erregten ihre Aufmerksamkeit, sondern das Innere der Kneipe. An dunklen Winterabenden nämlich konnten die durchgefrorenen jungen Männer mit ihren Feldstechern von einer Stelle am Kontrollstreifen aus genau den Zapfhahn am Tresen sehen und beobachten, wie der Wirt im hellbeleuchteten Schankraum die Gläser mit Bier füllte.

Eines dieser Biere wollte mein Vater jetzt endlich trinken.

Er ist nicht mehr leicht auszumachen, der alte Grenzstreifen, jetzt nach zwanzig Jahren. Die breite, einst gutgerodete Schneise ist heute vernarbt. Büsche und Bäume sind nachgewachsen, einige Felder wurden angelegt, dazwischen ein straffes Netz neuer Schnellstraßen.

Am Rande einer hüfthoch zugewucherten Wiese, wo wir den Wagen stehen ließen, um zu Fuß weiterzugehen, entdeckten mein Vater und ich plötzlich Warnschilder, die auf das Restrisiko von Minen hinwiesen. Es war absurd. Die

Gefahr explodierender Sprengkörper passte einfach nicht zu einer Sommerblumenwiese.

Es fiel mir schwer, mir vorzustellen, wie mein Vater in dieser Gegend uniformiert und bewaffnet Patrouille gelaufen sein soll. Als Berliner Kind an den Anblick der Mauer gewöhnt, fiel es mir generell schwer, mir vorzustellen, dass hier, wo jetzt kein Mensch zu sehen und nur die vorbeirasenden Autos auf der nahe gelegenen Bundesstraße zu hören waren, noch vor wenigen Jahren eine der gefährlichsten Grenzen der Welt verlief. Nichts sah so aus wie auf den Bildern, die ich kannte. Keine Zäune, kein Stacheldraht, keine Stolperfäden.

»Gab es eigentlich gar keinen Beton im Sperrbereich? Wie die Mauer?« Mein Vater überlegte. »Naja. Es gab den KFZ-Sperrgraben. Der bestand aus Betonteilen. Aber das war ein Graben, keine Mauer.«

»Und wo war der?«

Er wies hinter sich. Ich drehte mich um, aber nichts war zu erkennen. Das Land war vollkommen eben. Es muss eine Menge aufwendiger Bauarbeiten erfordert haben, bis alle Sperrelemente aus dem Boden gerissen und entfernt, der Trichterlauf zugeschüttet worden war, damit alles wieder so aussah, als hätte hier nie etwas anderes als die Natur geherrscht.

Mein Vater untersuchte inzwischen mit dem Fuß den zugewucherten Feldweg, auf dem wir standen. »Der Kolonnenweg«, sagte er und scharrte mit der Schuhspitze, »war natürlich auch mit Beton ausgelegt. Den haben sie gelassen. Wahrscheinlich für die Landwirtschaft.«

Tatsächlich war, was für mich wie ein Trampelpfad ausgesehen hatte, von Gras überwachsener und mit Sand überkippter Lochbeton. Wir standen mitten auf dem alten Kolonnenweg.

»Na, großartig«, sagte ich, »dann sind wir ja richtig. Der führt doch direkt an deiner Kneipe vorbei.«

Wir mussten nicht lange laufen, bis hinter einer Schonung, idyllisch am Fuß des Muppbergs gelegen, der Gasthof »Zur Bergmühle« auftauchte.

Die Freude währte nicht lange. »Bis auf weiteres geschlossen« stand handschriftlich auf einem DINA4-Blatt im Aushang. Wir waren zu spät. Ob Jahre oder nur ein paar Monate, wussten wir nicht.

Wir gingen trotzdem hoch und sahen durch die Fenster in die Gaststube. Der Zapfhahn war von hier aus schon schlecht zu erkennen. Ausgeschlossen, ihn durch ein Fernglas vom Kontrollstreifen aus zu sehen. Sie mussten den Schankraum irgendwann umgebaut haben. Die Terrasse war geräumt. Nur ein einzelner, zugeklappter Sonnenschirm stand noch herum, ein Besen und die Fußmatte lehnten vergessen neben dem Eingang an der Wand.

Ich machte ein paar Fotos. Auf einem davon stützt mein Vater sich auf die Balustrade und schaut über das ehemalige Minenfeld, in dem auch hier Warnschilder steckten, zurück in den Osten. Ich war nicht sicher, was er sah.

Die asphaltierte Straße vor dem Haus führte uns direkt nach Fürth am Berg. Mein Vater hatte erzählt, wie die Reisebusse damals ständig zwischen der Schenke und einem Hotel in Fürth am Berg pendelten. Vielleicht bekamen wir dort ja etwas zu trinken.

Doch auch der Grenzgasthof in Fürth hatte Pleite erlitten. Die einst florierende Hotelanlage, ausgestattet mit zwei sehr großen Bettenhäusern, welche beide eine absurde Ähnlichkeit zu ostdeutschen Plattenbauten aufwiesen, stand leer. Von Besitzern und Touristen im Hinterland des ehemaligen Zonenrandgebiets zurückgelassen. Einen echten DDR-Grenzpfahl folkloristisch im Vorgarten. »Zum Gedenken an die Grenzöffnung am 02.12.1989.«

Wir versuchten es noch in einigen Dörfern der Umgebung. Überall erfolglos. Vernagelte Ladengeschäfte und Lokale waren uns schon am Vortag bei der Suche nach einer Pension aufgefallen. Hier hatte offenbar in den letzten Jahren sehr vieles dichtgemacht. In einer dieser Ortschaften war selbst der zuletzt übrig gebliebene »Bierflaschenverkauf«, wie eine ältere Dorfbewohnerin den heimischen Getränkehandel nannte, inzwischen geschlossen worden.

Ich musste an einen Bekannten denken, der mir einmal mit vorwurfsvollem Unterton erklärt hatte, welche Schwierigkeiten das ehemalige westdeutsche Zonenrandgebiet nach Wegfall der Förderungen hat. Ich zuckte damals nur mit den Schultern und nickte. Entscheidungen treffen, haushalten aus eigenen Töpfen und Aufbau langfristig funktionaler Strukturen sind eben nicht leicht. Das konnte man jetzt hier, am Rande des Thüringer Waldes, gut erkennen. Auf der Suche nach einer Kneipe verfuhren wir uns mehrfach und verloren irgendwann zwischen Ost und West ganz die Orientierung. Zu wenig unterscheiden sich heute diesseits und jenseits. Das oft bemühte Bild »vom Todesstreifen zur Lebenslinie« trifft ganz bestimmt für verschiedene Arten der Süßgräser zu, für die wirtschaftliche Realität der Leute aber ist es nur ein wohlfeiles Wortspiel.

Vielleicht hatten wir einfach Pech, am Ende jedenfalls blieb uns nichts anderes übrig, als in der Filiale einer Fastfoodkette auf dem Parkplatz vor zwei riesigen Supermärkten einzukehren. Statt des erhofften Vergeltungsbiers gab es Cheeseburger mit Cola. Die Ironie dessen entging weder meinem Vater noch mir.

Auf dem Rückweg nach Sonneberg erwartete uns ein überraschendes Wiedersehen. Als wir gerade den Ortseingang eines Dorfes passiert hatten, bremste mein Vater plötzlich scharf und wendete. Er hielt vor einem abgezäunten Terrain, auf dem ausrangierte Landmaschinen herumstanden, zwei Autowracks, mannshohe Haufen leerer Flaschen, Berge von Altmetall. Im hinteren Teil des Geländes sah man vor der Kulisse des Muppbergs Unmengen seltsamer, ineinander gestapelter Betonteile aufragen.

»Was ist das?«, fragte ich meinen Vater, der sich offensichtlich dafür interessierte.

»Das«, sagte er ein wenig feierlich, »sind die Reste des KFZ-Sperrgrabens. Da hast du deine Mauer.«

Wir gingen näher heran. Die Ränder dieses Betonfriedhofs waren fest in der Gewalt von Brombeerhecken. Sie rankten sich durch jede Ritze. Ein paar lose Trümmer lagen herum. An vielen Stellen stießen rostige Eisenstäbe aus dem grauen Material ans Licht. Der Großteil der alten Grenzbarrieren war platzsparend aufeinander getürmt worden, und die T-förmigen Bauteile bildeten nun bizarre Muster vor dem Blau des Himmels. Es war unheimlich und faszinierend zugleich.

Ich hätte gerne gewusst, warum die Überreste des Sperrgrabens hierher ausgelagert waren und ob man etwas damit vorhatte. Wirklich zu denken gab uns nämlich, dass dies keine Müllhalde war, sondern der örtliche Recyclinghof. Doch weil wir niemanden fanden, der uns *das* erklären konnte, standen wir einfach eine Weile rauchend und sinnierend vor den Betonbergen.

Dann setzten wir uns ins Auto und fuhren weiter.

Berlin:
Eine Zusammenfassung

Von den Fenstern meiner Wohnung aus schaue ich über den Westen der Stadt. Eigentlich hat mein Haus direkten Südblick, aber wenn es in Berlin um Ortsangaben geht, dominiert die Geschichte meistens doch noch die geographische Realität.

Man soll das nicht überschätzen. Es ist längst nicht mehr wertend gemeint, und schon die Zugezogenen der letzten Jahre können damit oft nicht allzu viel anfangen. Ost- und West-Berlin, das ist wie eine alte Währung. Wer damit nie bezahlt hat, dem muss die ständige Rückrechnerei unnütz erscheinen. Den Hauptstädtern aber hilft sie bei der Orientierung. Es ist einfach so drin in uns. Wie die traditionellen Namen der Bezirke. Der Prenzlauer Berg wird niemals Pankow sein. Da können die Verwaltungsbehörden festlegen, was sie wollen.

Nirgendwo kann man das Miteinander der wiedervereinten Landeskinder so gut beobachten wie in der Stadt, die einst aus West-Berlin und Berlin, Hauptstadt der DDR, bestand. An jedem anderen Ort Deutschlands lebt ein Ostdeutscher unter Westdeutschen oder ein Westdeutscher unter Ostdeutschen. In Berlin nicht. Hier gibt es keinen Heimvorteil. Berlin war beides, Ost und West. Das ist ein bedeutsamer Unterschied. Selbst wenn man sich fremd ist, kann niemand als Eindringling abgetan werden. Die angestammte Daseinsberechtigung verbindet. So müssen wir uns miteinander arrangieren, ob wir es wollen oder nicht. Das hat einen großen Vorteil: nicht ausweichen zu können birgt nämlich die Chance, sich den Dingen zu stellen. Egal, wie eine solche Konfrontation aussieht oder endet – sie bringt einen immer weiter.

Das heißt natürlich nicht, dass das Aufeinanderzugehen immer leicht ist. Zumal Berliner ja nicht gerade für ihr Fingerspitzengefühl bekannt sind.

Für ihren Humor dagegen schon.

Eine der hinreißendsten Geschichten, die ich je über eine Begegnung von Ost und West in Berlin gehört habe, spielt vor der Wende. Egon, der inzwischen verstorbene Vater einer Freundin aus dem Sauerland, war fast achtzig Jahre lang aktives Mitglied seiner Gemeinde. Die evangelische Kirche, der er angehörte, hielt bekanntermaßen über die Jahre der deutschen Teilung hinweg stetig Kontakt zu den armen ostdeutschen Glaubensbrüdern und -schwestern. Viele Westpastoren engagierten sich stark für den Austausch mit Gemeinden jenseits der Elbe. Wobei der Begriff »Austausch« in diesem Zusammenhang fast euphemistisch genannt werden muss, denn die Beziehungen waren zwar beidseitig herzlich – »ausgetauscht« aber wurde vor allem von West nach Ost. Und zwar erstens Carepakete und zweitens Rüstzeiten.

Schon damals war das Aufeinandertreffen von Ost- und Westdeutschen nicht immer nur von Sensibilität geprägt. Die meisten, die Westbesuch hatten, werden sich daran erinnern. Die Ossis überhörten häufig die Alltagssorgen der Westfreunde. Zu sonnig stellte man sich das Leben im freien Westen vor. Die Wessis dagegen provozierten oft kleine unbeabsichtigte Kränkungen, wenn sie über die stinkende Braunkohleluft schimpften, nicht bedenkend, dass die Ostdeutschen ihre Kinder darin großziehen mussten. Wenn die Mark der DDR abfällig wie Spielgeld behandelt und auch so genannt wurde, es aber die einzige Währung war, in der ein Ostdeutscher für seine Arbeit bezahlt wurde. Wenn die Qualität der Lebensmittel bemängelt wurde, ein Ostdeutscher aber ein Leben lang nur dieses Brot und kein anderes zur Verfügung hatte. Nur wenige Besucher der DDR haben ausreichend Feingefühl dafür entwickelt, dass diese Bemerkungen, die sie selbst im ungünstigen Fall vermutlich als »Tatsache« bezeichnet haben würden, wenig hilfreich waren.

Egon war eine Ausnahme. Er besaß jene seltene, echte Höflichkeit, die tief aus dem Herzen kommt und mit Floskeln oder verstellter Freundlichkeit gar nichts zu tun hat, aber mit Demut und Achtung vor dem Leben anderer alles.

Ihm fiel durchaus auf, dass solcherlei Dahingesagtes die unfreiwillig im Osten festsitzenden Freunde demütigen musste, und er schämte sich dafür. In seiner Not versuchte er die Fauxpas seiner Mitreisenden, die wie er privat bei den Mitgliedern der Ost-Berliner Partner-Gemeinde in Pankow untergebracht waren, durch besonders große Lobeshymnen auszugleichen. So pries er den DDR-Kaffee bei jeder Gelegenheit, schmeichelte seinen Gastgebern ob der Unverwüstlichkeit ihrer Trabis und rühmte den feinen Duft einheimischer Seifen. Tapfer lächelnd stopfte er alle Kohlsorten in sich hinein, die das eintönige Angebot eines DDR-Gemüseladens im November bot und vergaß nicht, dabei die traditionelle Küche hochzuhalten. Ihm war das Privileg seiner Freiheit bewusst, und er bemühte sich deshalb darum, dass die anderen sich mit ihm wohlfühlten.

Bis hin zur Groteske. Am Abschiedsabend stand Egon mit einem Gastgeberpaar schwatzend im Flur des Gemeindesaals, als er Zeuge einer ihm überaus unangenehmen Szene wurde. Einer der Westgäste bog gerade, die drei Plaudernden nicht beachtend, in Richtung Herrenklo ab – in der Hand eine große Rolle gelbes, bedrucktes Toilettenpapier. Weich wie eine Wolke. »Oh, das ist nicht nötig. Es gibt Papier auf den Toiletten«, rief die Pankowerin dem Mann freundlich zu. Der aber, in seiner Überraschung um eine spontane Ausrede verlegen, antwortete verletzend offen: »Ja, aber das ist wie Sandpapier. Ich nehme lieber mein eigenes.« Egon fing den Blick der Frau auf. Sie sagte nichts, lächelte sogar bemüht. Vielleicht dachte sie daran, dass der Mann recht hatte. Das graue (später hellrosa) Einheitsklopapier aus dem VEB Papierfabrik Kriebstein im VEB Kombinat Zellstoff und Papier Heidenau war in der Tat nicht eben kuschelzart. Im Gegenteil, es war derart rau, dass die halbe DDR kalauerte, Kriepa sei von der Partei so gewollt, damit auch der letzte Arsch im Land rot würde ... Doch Egon war dieser Moment so entsetzlich peinlich, dass er auf der Stelle begann, die Vorzüge des schmirgelnden Hygienepapiers aus Kriebstein überschwänglich zu loben. Es reiße aufgrund seiner Robustheit viel weniger, seine Saugkraft sei hervorragend und man könne es deshalb auch außerordentlich gut in anderen Bereichen des Haushalts verwenden. Und schließlich brauche niemand Blümchenmuster oder Einzelblattperforierung auf etwas so Belanglosem wie Toilettenpapier. Die Gastgeber nickten amüsiert und wechselten das Thema. Egon war froh darüber.

Am nächsten Tag fuhr die Besuchergruppe zurück in den Westen. Man versprach sich auch im kommenden Jahr zu besuchen. Nach herzlichen Umarmungen und hundertfachen Segenswünschen fuhr der Bus an und rollte in Richtung Grenzübergang. Als einige Wochen später der Advent kam, erreichte Egon ein riesiges, erstaunlich leichtes Weihnachtspaket aus Ostberlin. Am Heiligabend öffnete er es und holte zur großen Belustigung seiner Familie eine freundliche Karte nebst zehn Rollen Original Kriepa-Ostklopapier aus dem Karton. Dem vehementen Protest seiner Töchter ist es geschuldet, dass diese später nicht, wie von Egon kurzfristig beschlossen, ihre Verwendung in einem eigenwilligen Völkerverständigungsversuch auf der Familientoilette, sondern als tatsächlich erstaunlich funktionales Schmirgelpapier in der Garage fanden.

Annäherungsprobleme zwischen Ost und West werden gern auf unterschiedliche Denk- und Verhaltensmuster zurückgeführt. Ich bin nicht sicher, ob das stimmt.

Zur Arbeit eines Autors gehören Lesereisen. Auf diese Weise hat meine Berufsgruppe genau wie Staubsaugervertreter oder Schausteller Gelegenheit, mit der Zeit einen vergleichsweise flächendeckenden Eindruck von deutschen Befindlichkeiten zu bekommen. Wenn man die Details kennt, verändert sich der Blick auf das Ganze.

Ich erinnere mich, wie ich im Radio ein Interview mit der Gruppe »Wir sind Helden« hörte, die erklären sollte, ob es einen Unterschied zwischen Ost- und Westpublikum gäbe. Ich mag diese Frage, die mir ebenfalls mit Penetranz gestellt wird, überhaupt nicht. Sie hinterlässt bei mir oft den Eindruck, dass es gar nicht wirklich um eine Antwort geht, sondern vielmehr um die Bestätigung, dass die anderen *anders* sind. Dass die arroganten, dummdreisten Wessis keine Ahnung von der DDR haben. Dass im Osten alle behäbig und rosarot ihrer verklärenden Erinnerung nachhängen. Dass das gegenseitige Misstrauen am Ende eben doch berechtigt ist. Weil wir nun mal verschieden sind. Für immer und ewig.

»Nein, eher zwischen Nord und Süd«, hörte ich mich am Steuer automatisch halblaut antworten. »Nein, eher zwischen Nord und Süd« schallte es echogleich aus dem Äther.

Die leichtfertige Verwendung von Ost-West-Klischees hilft der Annäherung nicht. Bei genauerem Hinschauen haben wir es oft mit zwei Seiten derselben Medaille zu tun. Was nicht heißen soll, dass ich die Gegensätze ignoriere. Die viel bemühten Stereotypen vom Besserwessi und Jammerossi sind beide nicht ganz aus der Luft gegriffen. Im Westen ist es eine Tugend, sich gut behaupten und verkaufen zu können, dafür muss man sich einen gewissen Hang zur Selbstdarstellung aneignen. Im Osten war dagegen Zurückhaltung oberstes Überlebensprinzip. Das Verschwinden im graugenormten Kollektiv, die permanente Deckelung haben Spuren hinterlassen. Natürlich sind Ossis anders als Wessis – wir sind schließlich in verschiedenen Ländern aufgewachsen und entsprechend unterschiedlich sozialisiert. Aber das sind kulturelle Unterschiede, keine Qualitätsmerkmale.

Einem Ausländer gestünde man das sofort zu, weil wir aber ethnologisch gesehen derselben Nation angehören, wird gleich ein Prinzip daraus gemacht. Niemand erwartet, dass ein Wiener genauso tickt wie ein Wiesbadener – aber Leipziger und Lübecker müssen gleich funktionieren damit der Vereinigungsprozess als erfolgreich gelten darf. Das ist absurd.

Abgesehen von den fröhlich wieder aufbrechenden regionalen Vorbehalten, deren Bärte so lang sind wie der von Barbarossa und die mehr Hartnäckigkeit besitzen als jegliches Ost-West-Ressentiment, abgesehen von der provinziellen Scheuklappenmentalität, mit der sich Lokalpatrioten diesseits und jenseits der Elbe die Welt vereinfachen, abgesehen von der banalen Wahrheit, dass der Mensch ein Gewohnheitstier ist und Fremdes nicht schätzt: Wie groß sind denn die Unterschiede wirklich?

In Berlin verwischt sich die Herkunft schneller als anderswo. Die Frage nach dem Zusammenwachsen von Ost und West stellt sich hier nicht, weil die Stadt sowieso eins ist. Kaum, dass man die Narbe der Teilung noch sieht.

Wer erstmals nach Berlin reist, wird an der äußeren Erscheinung der Viertel heute nicht erkennen können, was einst wo lag. Nur wer es weiß, hat damit, wenn er ihn denn immer noch braucht, einen wohlfeilen Vorwand für Animositäten.

Ich halte davon gar nichts. Meine Erfahrung mit den anderen Deutschen, nicht nur im wildgemischten Berlin, ist nicht davon bestimmt, wo jemand herkommt, sondern davon, wie jemand denkt und fühlt. Wenn ich eine Person angenehm finde, dann ist es mir egal ob sie aus Frankfurt am Main oder aus Frankfurt an der Oder kommt.

Aber ich gebe zu, dass das nicht immer so war. Ich hatte nach der Wende nicht nur große Vorurteile, ich sah vor allem keinen Grund, mich ihnen zu stellen. Es brauchte damals eine Initialzündung.

Die hatte ich 1993 in Italien. Weit weg von Deutschland zu sein hat mein Umdenken nicht beeinflusst, aber sicherlich beschleunigt. Beim Studium in Bologna lernte ich eine gleichaltrige Westdeutsche kennen. Auf den ersten Blick waren Charlotte und ich denkbar verschieden: Sie war blond, ich war dunkel. Sie ist klein, ich bin groß. Sie kam aus einem behüteten Heidelberger Elternhaus – ich war nach einer Kindheit zwischen Scheidung und Staatssicherheit dem Realsozialismus gerade glücklich entronnen. Ihre Welt gab es noch, meine war verschwunden. In ihrem Leben schien alles selbstverständlich, in meinem gar nichts. Grund genug eigentlich, sich fremd zu sein.

Aber wir waren uns nicht fremd. Denn so viel uns trennte, so viel verband uns auch. Wir waren uns in der Art, die Welt zu sehen, Witze zu reißen und Wein zu trinken, sehr ähnlich.

Das erste Mal unterhielt ich mich mit Charlotte in einem Linienbus. Sie hielt sich mit beiden Händen an den Gestängen des schaukelnden Fahrzeugs fest, wurde in den Kurven fast vom Sitz geschleudert und erzählte die ganze Zeit mit leuchtenden Augen von ihrer Schule. Als sie einige Stationen vor mir ausstieg, lehnte ich mich beeindruckt in die verschlissene Rückbank des Busses zurück und dachte: »Die ist wirklich toll. Man merkt gar nicht, dass sie ein Wessi ist.«

Diese Verwunderung sagte mehr über mich aus als über die Freundin. Ich war damals weit davon entfernt, die Kraft meiner eigenen Geschichte zu erkennen, geschweige denn, in ihr anzukommen. Dass es mir mit den Jahren gelungen ist, das habe ich auch Charlotte zu verdanken. Sie war damals mein Einstiegswessi und ich war ihr erstes Fenster in die ostdeutsche Wirklichkeit. Wir redeten stundenlang und kamen dabei ohne jede belehrende Attitüde oder Misstrauen aus. Wir wollten einfach nur wissen, wie es jeweils drüben war. Keine Frage produzierte Argwohn, kein Widerspruch wurde persönlich genommen. Manchmal haben wir uns gestritten, und manchmal sind wir mit unseren Argumenten an Grenzen geraten. Aber immer haben wir dabei voneinander gelernt. Das nenne ich die perfekte deutsch-deutsche Annährung.

Mit Charlotte bin ich bis heute eng befreundet. Wir debattieren nach wie vor gern, und wenn die Diskussion sehr engagiert geführt wird, dann reden wir schon mal minutenlang gleichzeitig. Diese Kunst beherrschen wir noch aus unserer Studienzeit in Bologna.

Vor einigen Jahren zog Charlotte nach Berlin. Sie lebt heute mit ihrer Familie in einer gutbürgerlichen, grünen Ecke der Stadt, wo West-Berlin kaum tiefer sein könnte. Ich dagegen habe den heimatlichen Prenzlauer Berg nie verlassen. Wir wohnen zehn Kilometer voneinander entfernt, aber das Flair unserer Stadtbezirke trennen Welten. Wir ziehen uns häufig gegenseitig damit auf, wo sich das eigentliche Zentrum der Stadt befindet, am Alex oder am Ku'damm. Natürlich wissen wir, dass das Herz Berlins weder hier noch dort schlägt, sondern in den Wohnbezirken, von denen jeder einen anderen, einzigartigen Rhythmus hat.

Die Vielfalt ist das Geheimnis der Stadt. Da ist Platz für jeden. Ich bin überzeugt, dass die Vitalität Berlins gerade darin besteht, dass es durch permanenten Zuzug und Austausch nie statisch wird. Deswegen gehen Klagen über sich verändernde Strukturen am Wesen der Stadt vorbei. Berlin nimmt jeden und alles auf, verleibt es sich ein und passt es seiner eigenen Logik an. Das unterscheidet die Stadt von bevölkerungshomogenen Kleinstädten und stellt ihren Reichtum dar. Darin liegt der Grund für den fröhlichbewegten Anarchismus unserer Metropole. Berlin war halberstickt von der Mauer und wird seit zwanzig Jahren wiederbelebt. Jetzt atmete die Stadt wieder durch.

Ohne Voreingenommenheit lebt es sich in so einem Schmelztiegel deutlich leichter. Doch selbst für die, denen nicht das Glück vorurteilsbefreiender persönlicher Begegnungen geschenkt wurde, hält Berlin ein Beispiel bereit. Denn wenn der beidseitigen Untolerierbarkeit so gar nicht beizukommen ist, kann man sie auch einfach kreativ umsetztten.

Im Zentrum der Hauptstadt befinden sich, an gegenüberliegenden Spreeufern gelegen, die Viertel Kreuzberg (ehemals West) und Friedrichshain (ehemals Ost). So wie der traditionsreiche Prenzlauer Berg jetzt demütigenderweise zu Bonzen-Pankow gehört, wurden auch diese beiden im Rahmen der Berliner Stadtbezirksreform vor ein paar Jahren zu einer Verwaltungseinheit unter dem Namen Friedrichshain-Kreuzberg vereint.

Damit machte sich der Senat unter den Anwohnern keine Freunde. Schon vorher schwelten Konkurrenzen – seit der Reform brach ein offener Krieg aus, der sich nun alljährlich in einer riesigen Wasserschlacht auf der Oberbaumbrücke entlädt, der größeren der beiden einzig erhaltenen historischen Verbindungen zwischen den Stadtteilen.

Die Guerillaeinheiten, die da aufeinander losgehen, heißen »Total Krasse Kreuzberg-Gegner«, »Wasser-Armee-Friedrichshain« oder »Freier Kreuzberger Heimatschutz«. Ihre Internetauftritte sind meistens miteinander verlinkt. Als Waffen zugelassen werden nur Wasser, Schaumstoffschlagstöcke, Eier, Mehl und gekochtes oder vergammeltes Gemüse. Vorzugsweise Letzteres. Ziel der Schlacht ist selbstverständlich das Zurückdrängen der anderen und die Okkupation des feindlichen Brückenteils. Es gibt keine Verletzten, keine Gewalt und die herumstehende Polizei passt amüsiert auf. Aggressive Spielverderber werden von den »Demonstranten« sofort selbst aus dem Verkehr gezogen. Nichts soll die Party stören. Die spektakulärsten Vorkommnisse der letzten zehn Jahre waren denn auch das Abbrennen eines Friedrichshainer Papppanzers (welcher dank reichlich vorhandener Wasserreserven von den Duellanten beider

Seiten sofort gelöscht werden konnte) und die von einem rohen Hühnerei bekleckerte Hose eines Ordnungshüters.

Das einzige Problem waren bisher die Entsorgung der Reste und die Säuberung des Schlachtfeldes am nächsten Tag. Dafür wurde nach längerem Verhandeln jetzt eine Lösung gefunden. Die Berliner Stadtreinigung stellt den Straßenkämpfern die ganze Schweinerei einfach in Rechnung. Und die zahlen brav.

Vielleicht fällt es den jüngeren Deutschen ja leichter, aufeinander zuzugehen. Wir sind mit weniger Gepäck in die Wiedervereinigung gekommen. Für jeden, der wollte, war das ein großer Aufbruch. Auch wenn uns das Ausmaß dessen oft nicht sofort bewusst war. Eine Freundin aus Bad Homburg beschrieb einmal ihre anfängliche Verwirrung über die Ereignisse des Novembers 1989. Ihre Eltern hatten damals sehr bewegt auf den Mauerfall reagiert und sie mehrfach darauf hinwiesen, dass dies ein großer historischer Moment sei. Die Freundin konnte damit nichts anfangen. Trotzdem bemühte sie sich pflichtschuldig, »dieses Historische irgendwie zu fühlen«. Aber es ging nicht. Sie wusste nicht, wie. Als sie mir davon erzählte, sagte sie abschließend etwas wirklich Schönes: »Erst als ich in Berlin auf euch Ossis getroffen bin, ist mir Stück für Stück klar geworden, dass ich euch alle nie kennengelernt hätte, wenn die Mauer nicht gefallen wäre. Und das wäre schade.«

Ja. Das wäre schade.

Dank an Andreas Doyé, Bernd Florath, Burkhard Grell, Thea und Ronald Grimm, Robert Grünbaum, Bärbel Haase, Christiane Haase, Siegfried Hallmann, Ursula Heinold, Thomas Helmbold, Eduard Kopp, Xenia Kumm, Steffen Meschkat, Constanze Neumann, Katarzyna und Nikołaj Opryszko, Igor Otto, Markus Pieper, Frank Pörner, Familie Reeb, Margareta Schmidt, Sylva Schpeniuk, Schulle, Egon Wagner, Felix Wintgen, Stefan Zahlmann.

Mein besonderer Dank gilt Jana Helmbold-Doyé sowie natürlich Christiane und Thomas.